Amar y vivir

Amar y vivir

Autora:

Margarita Mendoza Hernández

Número de Control de la Biblioteca del Congreso de EE. UU.:   2021914971
ISBN: Tapa Blanda   978-1-5065-3817-4
                             Libro Electrónico   978-1-5065-3818-1

Para realizar pedidos de este libro, contacte con:
Palibrio
1663 Liberty Drive, Suite 200
Bloomington, IN 47403
Gratis desde EE. UU. al 877.407.5847
Gratis desde México al 01.800.288.2243
Gratis desde España al 900.866.949
Desde otro país al +1.812.671.9757
Fax: 01.812.355.1576
ventas@palibrio.com
832817

Índice

Introducción

Todo libro generalmente tiene una introducción o prologo escrito por la autora, este es un libro en homenaje a la escritora de los poemas que se encuentran contenidos en el mismo, la introducción la dedicaremos, a compartir detalles sobre la maravillosa mujer y persona que fue:

Hablar de Margarita, de su forma de ser, de su vida, de su historia, nos lleva a que también hablemos de su cultura, de su inteligencia y de su extensa preparación académica, no solo se le quería intensamente, se le admiraba también.

Pero había una característica particular en ella que nos causaba ternura y nos hacía protegerla, su inocencia, que la convertía en una adulta, con una niña interior eterna.

Su capacidad de asombrarse de todo y por todo, le ayudaba a vivir siempre con mucha alegría y una enorme sonrisa en su rostro. Fue la persona más bondadosa y tierna que me ha tocado conocer. Y a quien llevare en mi alma para siempre.

Tu hermana: Ivonne Mendoza

Margie: ¡Hermana de mi vida y de mi amor!
Lamentablemente, estas palabras ya no las leerás, ya no estás aquí, te fuiste sin avisar, sin despedirte, sin vernos por última vez y eso me sigue doliendo cada día desde el momento que supe de tu partida.

Gracias a Dios pude decirte siempre que te amaba. También, en cada oportunidad te agradecí todo lo que hiciste por mí y mi familia, tu amor a mis nietos y tu gran nobleza y generosidad.

Me hubiera gustado haber hecho más por ti, siempre te ame y te acepte como eras, igualmente tu me amabas y aceptabas, así como soy, aun con mis imperfecciones. Te amo, hermana de mi alma y te seguiré amando hasta que nos volvamos a encontrar.

Descansa en paz, disfruta tu estancia en ese lugar, porque segura estoy de que estas en los brazos del Padre.

¡Te amo por siempre y para siempre!

Tu "hermana de la vida y del amor", Julie. Julieta Mendoza

Marguie:

Fuiste siempre tan sencilla y noble, que manejaste tu partida de una forma sutil e inteligente, hacías oración a los enfermos de la familia y cuando más preocupados estuvimos, al estar pendientes de nuestra familia, hiciste realidad la frase: "aquí les dejo mi oración y me voy sin hacer ruido". Dios te tenga en su Santa Gloria …Te extrañamos querida hermana la más pequeña de la familia.

Mario Mendoza

Margarita: Fuiste como una hija para mí, me sorprendió mucho enterarme de tu partida, estoy muy triste, porque no pude despedirme, espero que en el cielo nos volvamos a encontrar. Descansa en paz.

Tu hermana: Maria del Rayo Mendoza.

Margarita, hermana, tía, comadre:

Tengo grabados en mi memoria, todos los momentos alegres que pasamos juntas, en mi corazón se queda todo el amor que me diste y permanecerá por siempre en mi ser.

Guadalupe Elena Sánchez Mendoza

Margarita:

Fuiste una persona que, con tu alegría y tus bellos sentimientos, nos regalaste muchos momentos inolvidables, es fácil recordarte bailando, cantando, contando chistes, por todos esos momentos compartidos y por todas las experiencias y anécdotas que quedan en nuestra memoria, te recordaremos siempre.

Familia Sánchez Mendoza y Familia Hernandez Sánchez

Tía Margarita:

Se fue la mujer valiente, amorosa, trabajadora, quien siempre estuvo en mis alegrías, tristezas, salud y enfermedad, la que hacía de mis problemas los suyos, me protegía, me cuidaba y me quería.

La mujer que reflejaba todo su amor en la mirada, el cual sentí con cada caricia, con cada beso, con cada abrazo y en cada palabra que con dulzura hablaba.

Se fue mi tía y mis lagrimas caen, un beso desde la tierra hasta el cielo. Te quiero mucho mi adorada tía, te llevaste mi corazón.

Laura Elizabeth Cano Mendoza

Hermana:

Me piden que escriba algo sobre ti, mi mente esta tan saturada de recuerdos, desde que naciste, ¿qué puedo decir que no haya dicho? Fuiste tan importante para mí, como uno de mis hijos. Tuvimos una relación tan nuestra que nadie puede imaginar.

Hubo amor puro y sincero, sin egoísmos, sin envidias, tanto me quisiste que me dejaste el tesoro más amado que Dios solo puede otorgar: a tu hijo. Gracias, gracias, gracias, todo mi amor por siempre. Te llevare en mi corazón hasta el último respiro.

Tu hermana: Paty Mendoza

Me inspiraste y me marcaste el camino, me llevaste de la mano para lograr mis sueños profesionales. Gracias por tu inmensa ternura y amor incondicional. Cada peldaño profesional que logre, será dedicado a ti Margie con todo mi amor y admiración.

Tu sobrina: Mayra Mendoza

Madre:

El despertar a la vida como tu hijo, ha sido mi mayor bendición. Tenías un espíritu hermoso y amaste a tu familia incondicionalmente, siempre deseaste felicidad para los tuyos. Tenías un espíritu generoso y siempre trataste de ayudar a otros.

Como madre tu esfuerzo por garantizar mi dicha, me brindo una infancia llena de recuerdos maravillosos. El amor tierno que me mostraste durante toda la vida, me ha dado el poder para brindar amor incondicional a otros, así como a mí mismo.

Durante mi vida me diste un conocimiento invaluable, me permitiste expresarme libremente, me diste la habilidad para indagar sobre los misterios de la vida. Conforme crecía siempre me recordaste que no hay reto imposible de vencer.

Mis recuerdos más recientes están llenos de viajes, de unión y de risas. Puedes no estar aquí en este momento, pero a la misma vez, estas en todas partes. El universo te llamo para que regresaras a nadar entre los átomos de los mares y las estrellas.

Tu hijo: Jose Gabriel Gomez Mendoza

No importa...

No todos los días, son un buen día.
No importa, tu da el máximo.
No todo amor es correspondido. No importa, tu ama.
No todos van a decir la verdad. No importa, tú se honesto.
No todos quieren verte triunfar. No importa, tu triunfa.

El Encuentro

Querido Jesús,
Quiero un encuentro contigo, con el único que no
engaña, el único que ama y todo perdona,
quien es compasivo y misericordioso.

Quiero un encuentro con Jesús, quien es el único
y verdadero amor. El que derramo su sangre para
salvarnos, quien vino su vida a entregarnos.

Querido Jesús, quiero un encuentro contigo,
con ese que siempre es luz, quien siempre
dijo que nos daría su amor y compañía.

¡Con ese Jesús y su inmenso amor, quiero un encuentro!

Petición de una madre a Dios

Dios regrésame mi confianza,
mi fe, mi alegría, mi esperanza;
regrésame todo en esta mañana

Pues ya no es solo por mí, la batalla,
es también por mi pequeñito, por el
regalo más grande que me diste.

Hoy nuestra vida ha perdido
todos sus anhelos, y te pregunto:

¿Cómo perdimos nuestros anhelos?
¿cómo pudimos hacerlo?

Padre nuestro que estas en los cielos,
quiero un encuentro contigo, pues
vivimos situaciones difíciles

Bríndanos tus soluciones, salva
nuestras vidas, danos esperanza de un
mejor mañana.

Protégenos tu mi señor, tú que eres el
verdadero amor, por ese hijo que me has
dado.

Por ese ser que con tan poco tiempo he amado,
permíteme hacer lo necesario para que crezca
feliz, libre, fuerte, y sin temor.

Permíteme que sea responsable y guíame
con tu inmenso amor, te lo pido por favor,
mi Dios.

El Mar

El mar fue testigo, de lo que juntos vivimos, me gustaron tus ojos, te gustaron los míos, mi amor fue tan tuyo, como de las olas y el mar, es el arroyo.

Me regalaste una estrella, me regalaste mil flores, que cambiaste por besos, en aquella bella noche.

Y te metiste en mi vida, como una melodía, tierna, apasionada y yo temblaba de alegría.

Temblabas también de alegría, tierno y apasionado, hermosos y bellos anocheceres, cargados de caricias y de pasión.

Te metiste en mi vida, te estas llevando mi paz, me llenas de ansias, de volverte a amar, de ser mujer contigo por siempre, de volver a amanecer junto a ti.

De que sepas volverme a enamorar, porque estoy enamorada, de tu recuerdo, tu sonrisa, y tu mirada, de tus ojos negros, embrujándote yo con mi mirada y mi perfume, el mar fue testigo.

La playa quedo embrujada, tu fuiste el mar con su inmensa fuerza, yo fui esa arena mojada, besada por la furia del mar.

Me besaste la frente, me regalaste tus manos, el mar fue testigo de lo que nos dimos.

De todo lo que vivimos, del inmenso amor, del eterno amor y de ese momento en que mi ser, comenzó a albergar otra vida, de eso fue, de lo que el mar fue testigo.

Mascaras

De tanta mascara que use,
ya no encuentro mi rostro,
de tanto traje que probé
ya no encuentro mi piel.

Pórtate bien, que...
¿no sabes en donde estas?
o ponte las gafas de intelectual.
Ser honesta sería mejor que actuar.

Es el teatro de la vida
que depara que no muestres
tu rostro, que no muestres tu faz,
que para cada caso uses un traje
de payaso o uses un antifaz.

¿Por qué llorar si estás triste? y de
falsa alegría, entonces te vistes.
no vayas ahí, eso no está bien
es una ironía, pues tu quisiste ir
precisamente a donde fuiste.

No muestres tus sentimientos,
ocúltalos, oculta lo que sientes
es mejor si ahora mientes,
y entonces oculto y siento.

Máscaras, tan solo máscaras,
que hay que portar,
eso sí, con dignidad,

para encajar en sociedad,
y no mostrar nuestra soledad.

¿Por ello, en donde está la esencia?
¿en dónde la transparencia?
sí para cada caso, usas
un traje alegre de payaso.

Es el teatro de la vida,
que depara que no muestres
tu rostro, que no muestres tu faz,
que uses a cambio una máscara,
o uses... un antifaz.

Quisiera ser

Quisiera ser transparente como un cristal,
poseer la blancura de la nieve y la pureza
de mi alma, al mundo poder mostrar.

En mi vida quisiera retener, no poseer, no
ser falsa. Quisiera decir lo que siento y
vivir con la mayor honestidad.

Quisiera ser luz que ilumine, palabra que
motive, aliento que reanime.

Fragancia que perfume, ser verdad y alma;
ser esencia, bondad y libertad y entonces,
cual mariposa, ¡volar!

Quisiera ser útil en la vida para todo otro ser
y ser quien, a otros, mi consuelo lleve y también
quisiera nunca a nadie hacer sufrir, a nadie herir.

Quisiera ser tal como digo, y la vida es testigo de
que tan solo esto es lo que quisiera ser.

Amores de Instantes

Amores de instantes, de pasión fugaz,
de un deseo breve y pasional.

Amores de unos meses o de solo unas noches,
de febriles caricias, de momentos excitantes.

Que no dejaron nada, solo vacío en mi cuerpo,
vacío en mi alma y mente.

Amores de instantes, de unos pocos meses, de
pasión ferviente.

Amores que viví en mi solitaria vida, que aún vivo
a veces, son una fuente de caricias vacías.

Caricias que no son de amor, ni son verdaderas,
carentes de ternura, que rompen el alma.

Amores que hacen pensar y hablar a mil voces, que
rompen instantes.

Amores de meses, que parecen solo una noche, una
noche cruda, una noche desnuda.

Que rompe el alma, y rompe los instantes, cariños
fugaces, que duran unos pequeños instantes.

Amores que no son en verdad amor, solo son deseo,
estos han sido en mi vida, amaneceres sin importancia.

Amores fugaces de unos pocos meses, que causan gritar
a mil voces que tan solo son: ¡amores de instantes!

¡Quiero vivir!

Quiero vivir, vivir intensamente,
quiero aun sentir alegría,
escuchar latir mi corazón.

Quiero cumplir mi destino,
que sea llano mi camino,
vivir tan solo, vivir con pasión.

Escuchar de mi niño la risa,
quiero vivir, caminar mi camino,
cumplir con todo.

Quiero vivir y ver a mi niño crecer,
escuchar de un ave la melodía,
ver a una flor, florecer.

Quiero vivir y cuando Dios y la vida
así lo dispongan irme en el viento,

Quiero al irme, solo dormirme,
sabiendo lo repito...

Que mi vida fue buena. Alejarme al
cielo, en una noche hermosamente
serena.

A mi hijo

¡Quiero decirte que te amo tanto!
con mi alma, con mi vida y mi corazón.
hijo mío creces y lo haces bajo el manto de
Dios, de mi protección y de mi amor.

Hijo mío, eres un regalo de Dios, quiero decirte
que tu madre, esta mujer imperfecta, todo lo
hace por amor, aunque cometa uno y otro error,
te quiero llevar por una senda correcta.

Pedacito de mi vida que me alegraste al nacer,
pues cuando tu naciste, me iluminaste, como una
estrella y aun iluminas mi vida, con risa y juegos.

Hijo mío no encuentro palabras, para expresar todo
lo que siento por ti, pues mi amor no se define, se
siente dentro de mi corazón y de mi alma.

Y si tu ríes, rio, y si lloras, por dentro yo lloro,
eres como un joven rio, que va buscando su cauce.
Ojalá mi vida me alcance, para verte crecer.

Para ver formarse tu carácter y que tu esencia sea pura.
Ojalá el tiempo me alcance para verte recorrer el
camino de tu preciosa vida, pedacito de la mía.

Siento un amor tan tierno, que encierra mi corazón,
soy tu madre, quien te escribe, soy tu madre quien,
por tu vida y por la mía, vivo y viviré, y siempre lucharé.

Hijo mío, Dios te bendiga, él te colme de bendiciones,
tu camino y tu vida, que él te guie por donde ir.

Que Dios te de amorosamente las indicaciones, para que hagas lo que él quiere de ti.

Yo tu madre te lleno de bendiciones. Y te digo que mientras viva, siempre estaré para ti, estaré para comprenderte. Y acompañarte. Cuando tengas ilusiones.

Cuando tengas grandes metas y proyectos, cuando cruces un rio, estaré ahí, estará tu madre para amarte, hijo mío.

Voy a callar mi voz

Voy a callar mi voz, para
que no sepas que te llamo,
voy a callar mi voz.

Y este reclamo,
que tan fuerte grito
se volverá silencio.

Voy a callar mi voz
para que no sepas…

Que te amo tan loca y
desesperadamente.

Que de tanto y tanto amarte
ya mi corazón no siente.

Voy a callar mi voz
para que no sepas que te quiero.

Tan honda y esperanzadamente
que, aunque no vengas, te espero.

Voy a callar mi voz
para que no sepas que te grito.

Con voz que sale de mi corazón
y llega hasta el infinito.

Voy a callar mi voz, para que no
sepas que te necesito, que te amo,
que te quiero.

Voy a callar mi voz, tan baja ya,
que poco a poco, de tanto callarla,
por detenerla, se ha vuelto suspiro.

El paso de las horas

El paso de las horas frías,
el paso de las horas vacías,
el paso de la vida sin ti,
sin sentir tus caricias

Sin que te acuerdes de mí,
que será este sentimiento
que tengo dentro del corazón.

Que puedo hacer con
este amor que duele
que a mi vida llega

Y mis ilusiones se lleva
al paso de las horas,
y que como frio puñal
deja abierta una herida

Este paso de las horas,
que mis sueños se llevan
de estas horas frías,
de mis horas vacías.

Tu eres viento, solo viento,
que no puedo entre mis manos
atrapar, si eres solo una ilusión,
que llega como una ola de mar.

Para luego irse, para luego
diluirse y no estás en mis auroras,
ni en el paso de las horas.

¿Qué puedo hacer si no te conozco?
sí solo yo te busco, en el paso de mis
días, en el paso de las horas…

Dos caminos

Hoy todo vuelve a ser cómo fue ayer,
vuelvo a mi indecisión.

No puedo vencer el temor, de saber
que me depara el mañana.

Surgen interrogaciones, y se quedan volando
en el aire, como golondrinas sin nido.

¿Los obstáculos lograre vencer? o una fuerza interior,
quizás mi miedo, ¿será el que me venza a mí?

¿Seré un fracaso o un triunfo? ¿escalaré montañas,
escalaré alturas?

¿O me hundiré en la cima entre la negra bruma?

En mi esta la respuesta, en mi esta la solución, más se
oculta, en mi raciocinio, cual se oculta, tras las nubes el sol.

Duro es tomar una decisión, entre una encrucijada saber
el camino a escoger.

El que me lleve al fin, con el alma llena de satisfacción,
la de haber vencido las barreras,

Uno de los dos, he de tomar, y no me he de conformar, el
camino, con barreras, será el que he de tomar, porque tan
solo quiero triunfar.

Será el que sea que me lleve a adquirir fácilmente el triunfo,
uno de los dos caminos. solo pido que sea el que fuera, no me
vaya a defraudar.

Con todo mi ser

Escuchando canciones empecé a recordar
amores, viejas y nuevas pasiones.

Empecé en mi mente a pensar e hilar ideas,
fantasías y emociones.

Empecé a saber que mi voz, es un sonido
Que no tengo voz, para llamarte amor.

De tanto haberte llamado, solo dejaste dolor.

Y caricias en mis manos que están sin estrenar,
como aves atrapadas o como mariposas, presas de
sus propias alas.

Con todo mi ser, yo deseo querer, yo deseo amar,
y quiero ser amada.

Quiero brindar el vuelo de mis manos, acariciando
y explorando, amar a un hombre.

Tener a alguien sobre mi regazo, para brindarle mis
caricias y mis amores.

Ser juntos un solo ser, vivir nuestro amor, caminar
juntos a la orilla del atardecer.

Es con todo mi ser que quiero amar y mis caricias
brindar. ¿Por qué no vienes amor?

¿Por qué dejas convertirse a mi voz, en un mudo murmullo?

¿Por qué mis manos no tienen permitido volar, por tu cielo claro, por tu libre atardecer?

Quiero, tan solo quiero amar, ser libre, volar, quiero volver a soñar y amar con todo mi ser.

El último poema

Este pretende ser el último poema,
que te escriba, tu hace mucho tiempo
me olvidaste, yo vivo pensando en ti.

Como ave te fuiste, y no regresaste
jamás, aun no lo concibo, aun cuando
hace tanto tiempo ya, que huiste.

Lejos de mi vida, esquivo, sin ningún
dolor partiste, y desde entonces yo no
vivo, ignoro si me amaste.

A borrar tu recuerdo y entregarme a otro
me orillaste, con tan cruel olvido. Y sigo
aquí recordándote, pensaba que te olvidaría.

Fue vana ilusión la mía, entre más lo intento
más te recuerdo, estoy viviendo por vivir, este
pretende ser el último poema, que a ti dedico.

El último que te escriba, el último suspiro de
mi alma por tu recuerdo.

Se que mientras viva, te escribiré y te recordare,
ya lo sabía, que nunca podre dejar de hacer poesia,
para ti mi primer amor.

Y así va transcurriendo mi vida, por eso este
pretendía ser el último poema, que te escriba.

Renacer

Renacer, volver a vivir, volver a abrazar, volver
a sentir.

Asombrarse de nuevo con las maravillas del mundo,
sentir de nuevo intensamente, escuchar latir nuestro
corazón.

Creer en Dios infinitamente. Renacer, volver a vivir,
asombrarnos del cielo azul, apreciar el sol y las estrellas,
apreciar lo que tenemos.

Apreciar sol, todo lo que Dios nos da, quien es todo
misericordia, amor, luz y bondad.

Renacer, volver a vivir, conmovernos al ver a un niño reír,
y crecer con inocencia, verlo desenvolverse como una flor,
que se está abriendo a la vida, mi niño está lleno de amor.

Renacer, volver a vivir, volver a reír, a abrazar, volver de nuevo
a amar, volver a sentir y a valorar nuestra hermosa existencia, sí,
renacer y volver a vivir… intensamente.

Canto de Otoño

El otoño viene cada año con sus hojas, y con sus tonos naranjas, rojizos y amarillos. Con la caída de hojas que se deslizan ligeras, parecidas a cuando la lluvia cae del cielo.

Ah, el otoño, antecesor de invierno, cumple la cita con el tiempo. Y es la alfombra de hojas, la estación de tibieza, la estación de belleza.

Cada año caen las hojas, vienes precediendo al invierno, tibiamente llegas. Apareces después del verano, tierno otoño que me escuchas en silencio y discretamente guardas mis penas.

Busco un amor

Quiero encontrar un amor que no venga para marcharse luego, que perdure en todo su esplendor, que llene mi vida de cálida ilusión. Un hombre tierno y salvaje, que sepa artes de amor, que me ame en forma dulce y a la vez me devore con fuego.

Un hombre que me haga vibrar y calme con amor mi avidez, que hasta de día me haga soñar. Que sea la fuente donde he de apagar, mis ansias, mi sed y fuego interior, alguien a quien me he de entregar.

Para dar mi vida, mi cuerpo, mi amor, mis sueños, mis ansias de volar y mi miedo a entregarme. Mi valor de comprometerme.

No lo pido perfecto, lo amare con virtudes y con defectos, así también habrá el de amarme. Busco un amor, que le dé a mi vida sentido, y a mis días aliento, consuelo y esperanza.

Que llegue de ternura y pasión rendido, y se convierta en el único dueño, de mi sentimiento y añoranza. Quien me enseñará a soñar, a vivir, a disfrutar, a volar, y sabrá calmar mi loca pasión, será el único dueño de mis fantasías.

Quien sepa lograr que le entregue esas caricias nuevas, inocentes e inexpertas, que he sabido para el guardar. Y esas caricias cual mariposas o aves, que hubieran estado en prisión, vuelen libres hacia su piel.

Locas, desesperadas por tocar hasta el último rincón de su cuerpo, huir de las rejas frías, y entregarse, para no morir de un frio congelante como hielo.

Un corazón que lata junto al mío, y me lleve a conocer no solo los misterios del amor, sino aventuras. Espero sea un hombre sincero, pues no debe ser traicionero, a quien le entregue mi vida, cuerpo y pasión.

Sucesión

Como viento que mece los árboles para irse ligero,
así pasa mi vida, con esta sucesión de días, sucesión
de horas, de noches largas y frías auroras.

Sucesión de largos inviernos, aunque pueda ser otoño,
para mi sale el sol, cuando encuentro un amor, y saber
lo que es ser amada sin el amor conocer.

Mi senda es desolada y es como un desierto, como noche
sin estrellas, o una primavera sin flores, o un cuerpo sin
corazón, que sigue viviendo por incierto designio de Dios.

Mi tiempo y mi vida son agua de rio y ligero viento, así
pasa mi vida, con esta sucesión de días, de horas, de noches
largas y frías auroras. Viviendo sin amor, solo por vivir.

Madre

Quiero hacer un verso, por un motivo muy especial, hoy deseo que mi corazón sea página y que mi sangre sea la tinta, quiero escribir a mi madre.

Tan bella y pura, que prodiga amor y ternura, que protege y aconseja. Mi madre que tanto quiero y que, si algo sucede, ella lo nota, y siempre brinda un sabio consejo.

Y me cuida con el celo de una fiera, me brinda amor y consuelo. Y aun cuando tenga muchos años, ella me seguirá viendo como su niña, con ternura y esperanza me llevo en su vientre, me esperaba con dulzura y ansia.

Y cuando llego el día de dar a luz, surgí como surgen las hojas bellas, en la primavera y ella me cuido con amor y dio gracias a Dios, me consintió cuando niña y más que madre e hija, somos amigas.

La quise ayer, ahora y siempre, y no existen palabras, ni hay algún testimonio, ni vocablo que pueda describir lo que siento por mi madre, es como la frescura del amanecer, tan intenso como el mar es lo que siento.

Ella es tan suave como pétalo de rosa, tan libre como ave, tan cálida como rayo de sol, y quiero dar las gracias, aunque las gracias parezcan poco, por iluminar mi vida, a mi brillante estrella, a mi madre.

Todo esto, sin embargo, no me contenta, pues no describe la paz y el amor, y toda su calidez y ternura que nos brinda mi madre, y nada puede describir lo maravilloso que es el que Dios la eligiera precisamente a ella y me la otorgara como madre.

Clamor

Quiero levantar mi voz, hacer un puente
entre silencio, soledad y mi clamor.

¿A quién llamo? a quien venga, a quien sea
que escuche, mi presuroso reclamo, si nadie
escucha será mi muerte.

Mas no pido piedad, yo quiero amor, un amor
ligero, tierno, entregado y sincero, no será el
primero, más será como en mi primera vez.

Que como a flor de primavera me haga vibrar,
realmente sentir, a su lado soñar, y por siempre
callar al silencio, acompañar a la soledad, y a
mi corazón amar.

Quiero levantar mi voz, tener motivos de amor,
no de dolor, para vivir cada día, y componer poesia,
hacer un puente entre silencio, soledad y mi clamor.

Quiero conocer el amor, con sus alas ligeras volar, por
un mundo de felicidad, por un mundo diferente al de
la soledad.

Solo no quiero piedad, lo único que quiero es con mi
corazón entero y con toda intensidad ser libre para
enamorarme, porque ese es mi anhelo, yo quiero amar.

Recuerdos de ayer

Recuerdos de ayer, de volver a ser, ir por el camino y ver de nuevo el sol, respirar de nuevo en calma y sentir con el alma, regresar a lo que fue.

Tener recuerdos de cuando joven, es vivir y transitar en mi mente, lugares que recorrí. Detener el calendario para sentir intensamente, antes de partir a cualquier lugar, a cualquier tiempo, a la eternidad.

Recuerdos de sentir el amor, es tan solo vivir, creer que no han pasado las hojas del libro, de mi historia.

Una historia tan reciente que aun esta fresca en la memoria de mi mente, recuerdos de ayer…

Estar de nuevo en viejos lugares, que me traen vivencias, y también recuerdos del primer amor, del primer dolor, cuando él se fue.

A quien mi alma y corazón entregué, recuerdos de ayer que me traen a la mente a aquel, a quien di el caudal de sentimientos más tiernos, le di las primicias del manantial de caricias y amor de mi loco corazón.

Recuerdos de ese ayer en que fui y en el que soy, de antiguos otoños, de senderos que recorrí en esos años, de cariños verdaderos.

Quiero sentir y ser quien regresé al mismo camino, donde perdí mi destino, debo encontrarlo, volver a reír, volver a aprender a ser feliz.

Reencontrar viejos amigos, y ver en sus rostros cambios sutiles, de la huella del tiempo al pasar.

Volver a parques y plazas, que me esperaban con ansias, y me sonríen al verme llegar, y ser lo que fui romántica, soñadora, poetisa, y revivir lo que sentí.

Tener de nuevo la misma risa, recorrer la misma ruta, repasar los pasos que di, volver a sentir por ese hombre el mismo amor.

Aunque ya no lo vea jamás, volver a reír simplemente, volver; en fin, a ser yo, cuando vuelva, a los recuerdos de ayer.

28 de septiembre de 1986

Frases cortas

Sentir que la vida es un sueño, es también soñar.
En alas de un sueño el alma puede aventurarse
hasta el infinito.

La juventud más que una etapa
cronológica, es una actitud mental
existen jóvenes que son viejos,
y existen viejos, que son jóvenes.

Espera

Vivo a la espera cada minuto,
cada hora en mi soledad.

La vida es cruel y desoladora,
vivo esperando y siempre
anhelando, todas las horas del día.

Luchando por esperar con paciencia,
acumulando caricias y experiencias
de otros, que no son el que yo espero.

De ese que llegara y voy muriendo,
desfalleciendo en esta lenta y larga
espera, saboreando solo mi soledad

Conformándome sin un mirar, dulce y
tierno, que haya una esperanza, guardar
una ilusión oculta en mi corazón.

Es larga la espera, a veces anhelo que
venga a mi vida, ya mi corazón se cansa,
porque así vivo imaginando y esperando.

Si algún día ha de venir, a ser lo más bello
y vivo de mi existir, a veces me pregunto,
si tú también esperas que llegue yo.

Si llenaras de nuevo mi corazón, no
soportaría otro engaño, otro ensueño,
otra fantasía e irrealidad.

Yo quisiera sea realidad que exista quien,
de sueños realizables me cubra y me vista.

Pido que tenga bondad, y que sea de razones
nobles, que con mis sentimientos no quiera jugar,
solo pido amar y dejar ya de esperar.

El rostro de mi soledad

Estoy aquí otra vez
en mi vida, buscando
anhelando un amor.

Porque he de sentirme
así tan sola, porque he
de vivir, de fingirme.

Sufriendo por un amor,
detrás de una falsa ilusión
vanas esperanzas mías.

Solo fabricando sueños
en mi mente, tratando
de soportar mi dolor.

Para no enfrentar, el
rostro de mi soledad
mi eterna soledad.

¿Por qué el amor viene
y no permanece a mi lado?

¿Por qué un amor verdadero
no he podido encontrar?

¿Por qué mi corazón siempre
ha de estar sufriendo?

Sin encontrar a quien amar y
toda su ternura poder entregar?

¿Por qué? Me pregunto y no obtengo
respuesta, a mi interrogación.

¿Por qué ha de ser tan cruel el destino?
¿por qué tengo solo del dolor la huella?
Solo un rastro leve de lo que es el amor.

Lo verdaderamente cierto, lo único presente
en mi vida, es esta melancolía.

El amor es el gran ausente, no hay con quien
cantar mi melodía.

El rostro de mi soledad, siempre el mismo rostro,
sentir vacío y hastío, e ir por las calles desiertas.

Ir sola, viajando en mi existir, en mi diario vivir,
buscando sin encontrar, a quien mis caricias
pueda entregar.

No encuentro a quien mis sueños regalar,
y prodigar a ese ser todo mi amor.

Pues no hay un rostro de alguien, que quiera a mi
vida unirse, en mi vida el amor está ausente.

Solo está siempre presente y constante, un rostro
que desearía poder olvidar: ¡el rostro de mi soledad!

Imagen

Se que existes, aunque todavía no te siento, estas a mi lado, en mis sueños tengo tu imagen, aunque tu a mi vida aún no hayas llegado.

No miento, yo sé que vives y que, aunque con la lluvia mis lagrimas se oculten, sé que has estado conmigo a lo largo de mi camino. Y aunque aún no te conozco, te extraño y sé que estas en mi destino.

Quiero que vengas, tenerte en mi corazón y en mi mente, y año con año te llamo y no llegas. mis noches sin ti están vacías y no son completas mis alegrías.

Las estrellas tienen menos brillo, y las estaciones se suceden sin tener ya ilusiones, pues no encuentro quien calme mis ansias de amar, tanto como no he amado jamás.

Quiero entregarte mi ser por completo, cuando te encuentre, sin reservas, con pasión, sé que te entregare mi alma, mi corazón, mis alegrías y mis penas.

Que pueda sentirme correspondida, y dar por perdida mi soledad, ir a tu lado a donde nos quiera llevar el viento, a algún jardín, lleno de esplendor y de olor a jazmín.

Ven ya, escucha mi reclamo, escucha mi voz, que llegue hasta donde te encuentres, que vaya ligero como el viento, y te susurre al oído que aquí estoy.

Que soy quien, sin conocerte, te espera. Tengo tu imagen presente deseo tenerte y por ello, con frecuencia te llamo, pues aun cuando no te conozco… ¡Te amo!

Ambivalencia

Quiero Dios mío en esta ocasión,
pedirte clemencia, pues sabes?
mi corazón y razón se encuentran
confusos hoy, por la ambivalencia.

Ya no es puro mi corazón, para
dedicarse solo a amar, encuentro
hoy la más común y rara situación
de ambivalencia.

Opuestos como noche y día, como
luz y sombra, coexisten en mi alma,
eso es lo que el destino depara.

No entiendo mi Dios, donde quedo
el amar, la verdad unilateral, amar
solo amar.

Hoy encuentro que todo el mundo
se dedica a amar y odiar, y a odiar
y a amar.

Antes el corazón se entregaba a plenitud,
los corazones palpitaban de amor.

Y hoy siento en lo más hondo de mi ser y
de mi alma, que ya no hay esa capacidad de
amar sin provocar dolor.

Ahora es más complicada la verdad eterna del amar, ya no es blanco y puro, el amar en estas épocas se ha tornado duro.

Como se puede la llama de pasión poner a arder, si después de encenderla, la apagan con una cruel frialdad?

Hasta en la amistad, parece que ya no hay sinceridad, parece que ya no se puede brindar el cariño sincero de la amistad.

Ya habita entre el tu y yo, un horizonte negro, en las diarias vivencias, el claro - obscuro de ambivalencia.

Por eso Dios mío, en esta ocasión quiero pedirte clemencia, pues mi corazón y mi razón están hoy, confusos y es por la ambivalencia.

Naufragio

Navegaba en mi velero, sobre mares tranquilos donde sobrevolaban gaviotas, un mar de inmensas olas con vientos a favor, de pronto una tormenta apareció, comenzando todo a sacudir, y mi velero se encontró con las velas rotas, y no encontraba el motivo y tampoco encontraba consuelo.

Las gaviotas ya no se veían volando más por el cielo, el velero comenzó a navegar por otros senderos, rutas desconocidas, con velas rotas, iba a la deriva, y se encontró perdido en la inmensidad del mar, resulta que naufrago, y no lograba llegar a puerto.

Solo encontraba olas bravías, ninguna orilla, y también lluvias frías en otra tormenta cruel, que zarandea y destruye, y quiere huir el marinero, cansado ya de luchar, con los vientos en contra, está a punto de renunciar, más sabe, que de dejarse arrastrar seria su muerte, sería un naufragio total.

Sabe el marinero que debe poner a salvo su vida, eso es lo primero, y ha de seguir bregando, y que al seguir luchando es más probable que logre salir de esa tormenta, de esa lucha entre los elementos, lluvia, viento y mar, esa lucha cruenta y sin cuartel.

Y debe ganar, el marinero valiente, algún día llegara de nuevo a un puerto seguro, que el mismo y nadie más, sabe la forma de llegar a la ruta y se resigna a tener que pasar primero por esa tormenta cruel, y su fuerza y Dios son el refugio para ese naufragio lograr vencer.

Canto de Esperanza

Después de una larga tempestad
aparecerá la calma, un día nublado
con un simple rayo de sol, podría
convertirse en un día soleado.

Aun el odio más profundo podría
transformarse en amor, aun el pozo
más oscuro y hondo, puede tener un
atisbo de luz.

Aun en la desesperación se puede
vislumbrar la esperanza, o en la tristeza
ver de unos labios, la flor de una sonrisa.

Después de un fuerte viento, que parece
que va a arrasar todo tras de sí, se puede
sentir la suavidad de la brisa.

Así me siento después de mi ficticia cárcel,
al respirar mi hermosa libertad, después de
dormir viene el despertar, después de la
incertidumbre, aparece la certeza.

Se que puedo ser fuego, que quema violento,
o que da calidez o un frio viento, que puedo
ser yo misma y sostenerme en lo que creo.

Sostener lo que siento y pienso, con los defectos
de mujer que poseo, y mis virtudes también,
con mentiras y verdades.

Sostenerme con lo que veo y lo que no, con mi
risa y con mi llanto, con humildad y vanidad,
con lamento y con mi canto.

Canto de esperanza que se sostiene con mis
palabras y mis silencios, con madurez y amor
o con inmadurez y desamor.

Con los vientos propicios y vientos en contra,
con desesperación es que entono este canto,
que pretendí que sea, un canto de esperanza!

07 de noviembre 1983

Quiero existir

Quiero existir, vivir y sentir,
vivir infinitamente mi vida.

Ir dejando huellas en el camino
y no en el aire, existir intensamente.

Abrazar la vida con lo que venga,
quiero vivir, cada día, cada hora,
viajando por este mundo.

Quiero ver a niños crecer, sonreír,
escuchar atenta el canto de un pájaro,
asombrarme como si fuera una niña.

Quiero agradecer a Dios, por tanto, por
lo que me da, por sus bendiciones,
porque de su amor, me da siempre señal.

Quiero sentir, vivir, existir, de una manera
intensa y jovial.

Aunque pasaron por mí, miles de amaneceres,
he amado, he sentido la brisa y aprendí a vivir
despacio.

No soy amante de la prisa, quiero abrazar la
vida, quiero disfrutar de lo que suceda.

Quiero seguir mi destino y cuando muera, en el
corazón de mis seres queridos, aun quiero existir.

La danza del viento y las hojas

Era un hermoso septiembre y el viento invitó a las
hojas a danzar, el eterno viento realizó una danza
que se efectuó de forma hermosa entre él y sus
amigas, las hojas.

Y la brisa reía al ver la danza del viento y las hojas,
esa danza que efectúan desde siempre, siempre en
otoño, en un bello septiembre.

Se deslizaban las horas, todo era infinito, y esas hojas,
amarillas, rojas, anaranjadas, bailaban sin cansarse,
y hacían juntas unas figuras que eran preciosas.

Tanto como el espectáculo de observar cómo danzaban
el viento y las hojas, dejando a un lado el cansancio,
la danza que observa el otoño, cuando los árboles se
desvisten de sus hojas, dejándonos su fragancia.

Había ahí un retoño de rosa, y sabían que era una danza
de amor, en ese lejano septiembre, que se realiza en otoño,
desprendiendo minutos, desprendiendo a las hojas.

Minutos de un reloj eterno, llenos de infinito y de tiempo,
de un eterno tiempo, en que se entretenía en mirar la danza
del viento y las hojas.

Hojas que, fascinadas, danzaban, bailaban, en esa danza
atemporal, que efectúan el viento y las hojas y que si
el otoño se aleja, esperan todo un año, para que vuelva a
haber un baile, para que puedan danzar el viento y las hojas.

En aquel septiembre así se formó la danza, tan nueva como
vieja, y a la par hermosa, la danza de otoño, la danza de vida,
la danza… del viento y las hojas.

Dos almas en flor

Dos almas en flor,
dándose vida,
dándose amor,
almas juveniles.

Descubriendo con valor,
lo que es amar.

Con pasión entregarse
y enfrentar al futuro,
al destino de sus vidas

Deseando por siempre
estar unidas, dos aves
emprendiendo el vuelo.

Llenas de alegría compartida,
dos almas en flor, dándose vida,
dándose amor.

Sabiendo que la existencia, vivida,
anteriormente a su unión, es válida,
pues tenía razón.

Encontrar un día que al arrullo
suave y lento de una melodía
de su propio corazón.

Descubrir primicias de pasión:
y como quemarse, lo hacen y
fundirse con la llama de manos.

Enfundarse en la llama del amor.
extasiarse en el diario vivir, el creer de
verdad que, enfunden verdad

Y extasiarse el uno al otro, creer en el
diario de la atracción así sin tener nada,
y deseando volver a mi ciudad.

Seguir juntos el camino, uniendo destinos,
su ser y su existir. Llenando de amor, a estas
almas, dos almas en flor.

A mi papá

Quisiera hacer poesia,
para una persona especial,
que compartió un tiempo
mi vida.

Y esa persona es mi papá
fuiste para mí, ese hombre
tan querido y admirado.

Fuiste papá quien me dio
a raudales amor, paciencia
y ternura, me cuidabas con
dulzura y me diste protección.

Fuiste como un pequeño niño
conmigo, jugabas a la par de mi
imaginación y de mi edad.

Te hiciste pequeño, aun siendo tan
grande, y todo tu empeño estuvo en
siempre cuidarme.

Dios es testigo de lo grande que eras
y lo pequeño que te volvías conmigo.

Me veía en tus ojos, tan buenos, tan
tiernos, serenos, llenabas de historias
mi mente pequeña.

Fuiste ese padre que toda niña anhela,
que toda niña sueña y me conociste
realmente.

Tu amor de padre era puro y a veces me
sorprendo llamándote, porque te fuiste,
pero aun te amo.

Padre quisiera decirte tanto, poder dar a ti
las gracias, por tu gran persona, por tu buen
ejemplo, por todo lo que por mi hacías.

Por tu esfuerzo, tu trabajo y fortaleza, por tus
cuidados, por tu amor y tu ternura, por tu
sabiduría, y tu experiencia.

Acumulabas vivencias a través de los años, tus
consejos borraban mi ignorancia, y sé que fue
la experiencia, acumulada de años de vida, lo que
te volvió un ejemplo.

Gracias por todo aquello, por la experiencia de ser
tu hija, por eso es que quise escribir esta poesia,
para poder darte gracias.

Para agradecer siempre que fuiste mi padre, fuiste
mi amigo y aun en el cielo, sigues cuidándome,
gracias mi viejo.

Gracias mi padre, gracias papito!

Canto

Canto a la vida, a los días, a las despedidas, a todo, y sobre todo a la alegría.

Se que por mi alguien llegara, y mi senda alumbrara. Canto a la verdad y al despertar.

Canto a la sonrisa de un niño inocente, y a la brisa, al anciano y a las rosas.

Canto por todas las cosas, que, al querer expresar tanto, expresar mi risa y expresar mi llanto, es tan solo la creación de mi corazón.

Es una melodía que surge de mi alma, este canto se transforma día a día mientras vivo.

Canto de libertades, canto de mariposas, entre ataduras a veces, como un pájaro en su jaula, esta vida de inquietudes, la he transformado en un canto.

Mientras viva en este mundo, a veces impío y otras piadoso, en esta vida llena de verdades, mi canto cual la espina de una rosa, se convierte en palabras, de mi alma de poetisa.

Se convierte en melodía, nacida del corazón, cual cosecha de quien labra, se convierte en un canto a la bondad, y como todo canto se escribe, como un canto a la eternidad.

Quiero decirte

Quiero decirte que te extraño tanto, que te quiero, que te amo tanto y tan intensamente, que vives en mi corazón, en mi alma, y mi mente.

Quiero decirte que me haces falta, que siento vacía mi vida, que no encuentro mi lugar, que no se vivir sin ti, sin el amor que tú me diste.

Sin tu ternura, cariño y pasión, sin tus manos protectoras, sin tus miradas encendidas y tiernas, a la vez que quiero volverte a ver, es mi mayor anhelo.

Quiero decirte tantas cosas, hablarte de mí querer, que aun guardo tus rosas, que desde que no te veo, siento un frio como hielo.

Que me brindaste tantas y tantas cosas, llenaste mis horas de amor, aprendí a amar, tierna y apasionadamente. Mas no me enseñaste como debo olvidarte.

Como desprender tu recuerdo, no sé si volverás, solo sé que tuve el amor en mis manos. Y llenaste mis horas vacías, quiero decirte tantas cosas...

Te extraño y te quiero, quiero tener tu querer, volver a ser la mujer que se acurrucaba en tu pecho, darte mi querer y recibir el tuyo con la arena del mar como lecho.

Con la noche y las estrellas como testigo de esas horas bellas, te llamo sin voz, gritando en el silencio cuanto te amo, y quiero decirte estas cosas a través de la distancia.

Quiero que sepas que te llevaste mi alma, que quisiera verte, más si no serás para mí, porque la vida así lo quiso, entonces te diré que, aunque duela, aprenderé a olvidarte.

Mas primero quiero decirte que, aunque estés, o no conmigo, te amo y te recordare siempre aun si la vida me obliga a que jamás vuelva a verte.

Hojita de Otoño

Hojita de otoño de año con año,
que se desprende, del viejo árbol

Se te ve partir a tu largo viaje, en
ese viaje, das vuelta redonda al sol.

Hojita de otoño que vuelas al viento,
te vas en medio de cielo, sol y mar.

Te lleva el viento muy lejos y tus tonos
multicolores, vuelan sin dirección.

Hojita de otoño que vas como yo, sola,
sin dirección y sin rumbo.

Tú has sido testigo de mis amores, surcas
los aires hacia donde el viento te lleve.

Se mi amiga y compañera, tu eterna viajera,
hojita de otoño, conozco tus giros.

Conozco tu viaje, hojita de otoño, se tu mi
consuelo, vuela sin rumbo.

Se hoja bonita, mi fiel compañera, tú que
viajas al sol, sola, muy sola…

Que parece hoja que el viento, es solo tu amigo
y no tienes en tu vida un amor.

Seguirás siempre viajando sola, volando al cielo,
sola siempre, así como yo.

Entrelazados

Darte mis besos, darte mi cuerpo,
poseer el tuyo con infinita pasión
y con gran deseo, brindarnos amor.

Entrelazados en el lazo que atara mi
vida, y en un marco azul y verde de
mar y de cielo, de tierra y de bosque

De trinos de pájaros, de aroma de
flores, en ese fondo natural, construir
un idilio, entrelazados en la entrega total.

Recibiendo tus besos prohibidos,
compartiendo tu piel, obteniendo el
amor que nace y termina en ti.

Amor quiero decirte...

Amor, quiero expresarte mi pasión,
lo que despiertas en mí, lo que yo siento
por ti, lo que encierra el corazón.

Quiero decirte que estoy desesperada, por
estas ataduras que no me dejan amarte,
en cuerpo y alma, eres el hombre que me
tiene de pasión enloquecida.

Quiero decirte que cambiaste mi vida
y desde que te vi, te pertenezco, y aun
cuando no te vea, y no te tenga, te quiero
más cada día.

Por ti siento alegría, por ti siento tristeza,
eres quien cubre mi mundo de belleza,
y eres en sí, la única ilusión de mi vida.

Quiero decirte que siento celos de lo que
te rodea, de otra gente a la que puedes amar y
les puedes brindar, lo que solo quiero para mí.

Decirte que quiero tu llanto, quiero tu risa,
quiero tu aliento, quiero tu vida, y deseo que
también pueda darte mi aliento, mi risa y mi
llanto, en un momento.

Darte llena de pasión toda mi vida, solo a ti,
darte el corazón tan solo a ti. Porque tú eres
mi ilusión, y siempre serás mi único amor.

Embrujo de Mar

Me embrujaste con tu negro mirar, tan intenso y profundo como el mar, momentos intensos que juntos vivimos, desde el preciso instante en que nos conocimos.

Despertaste en mí, tantos sentimientos, ternura, pasión en derroche, a lo largo de aquella, nuestra noche, contigo sentí lo jamás sentido.

Contigo viví, lo jamás vivido, lo nuestro fue como si todo el pasado, tú lo hubieses borrado, con tu eterno amor, tu intenso acariciar y el embrujo de tu negro mirar.

Fue tan intenso el momento que entendí el significado de la palabra amar, locura de caricias, y ternura, nunca estrenadas, que te di con mis manos mientras soñaba.

Soñaba, pues no sabía, si era realidad, tal vez solo fue un sueño… solo soñar que fuimos como jinetes cabalgando a través de mundos imaginarios.

Inventando y tejiendo momentos de pasión encendida y de ternura infinita y así dejamos de ser dos solitarios.

Me entregue y te entregaste, como nadie en la vida me amaste, me hiciste sentir muy mujer, al darme así tu querer.

Fue un embrujo, me embrujaste con tu negro mirar, tan negro como la noche, tan profundo como el mar.

No sé si abre de despertar y ya no te encuentre, solo sé que todo lo anteriormente vivido, ha valido la pena.

Por haberte conocido, y que, si tú te vas, como una ola, buscando otro sendero.

Buscando otro camino, la fuerza de tu amor, es grande y me ayuda a vencer mil barreras, aun la del dolor.

El dolor de no volverte a ver, de tenerte en mis manos, para después el amor perder.

Ya no sé qué decirte, ya no sé cómo explicar que me embrujaste, con tus caricias intensas…

¡Con tu negro mirar, con tu eterno embrujo… un embrujo de mar!

¿Cómo estoy?

¿Cómo estoy? ¿Cómo me siento? No lo sé, y siento soledad, siempre soledad. Esperar, un eterno esperar, acompañada siempre de mi soledad.

Se estrella mi voz en el silencio. Me cansa la búsqueda, el no encontrar amor. Solo tú, Señor, mi vida has de llenar, ha habido tanta desilusión, tanto sueño fallido.

Solo tú puedes explicar tus designios, se cansan mis manos de tocar el vacío. Me cansa la vida tan vacía, llena con amor mi vida, Señor.

No pienso seguir en este desierto, no importa si causas dolor, si tengo la esperanza que, al fin, estaré contigo.

Envuelta en tu amor, seré como el hierro que puede forjarse a través del fuego. Permíteme estar contigo en el valle, escalar junto a ti, una cumbre, permite que te halle, que te encuentre.

Quiero verte en todas las cosas, pues sé que tu estas. Aunque yo no sé cómo estoy, ni como me siento. Solo sé Señor, que siempre en ti pienso.

Consejo

Conoce la hora adecuada de salir de una cena,
levantarte de tu asiento y dejar una reunión.

No pierdas el sentido de la importancia sutil
de salir a la hora correcta.

Y jamás te olvides de tres grandes e invaluables
amigas: fe, inocencia e intuición.

Huyendo de mi Soledad

Huyendo de mi soledad, me rodeo
de gente, gente que a veces miente
y daña, que lastima, que muerde
y mi vida se pierde.

Huyendo de mi soledad, me rodeo
de gente que es ciega, a lo que el otro
necesita, gente que si la envidia fuera
color verde, de verde se vestiría.

Huyendo de mi soledad, voy por ahí,
por mi camino, viviendo solitaria, esa
es mi verdad, la soledad, mi soledad.

Huyendo de mi soledad, encuentro
vaciedad, solo vaciedad, en medio de
quienes me acompañan y etiquetan.

Huyendo de mi soledad, encuentro
gente que miente y que daña, llenos de
hipocresía, así lo siente mi alma.

Huyendo de mi soledad, encuentro a
quienes dicen que me quieren, y hieren,
gente que en realidad nada siente.

Huyendo de mi soledad, yo busco de las
almas, la bondad, busco verdad y mentiras
encuentro, y también maldad, más existe
quien todo lo mira.

Huyendo de la soledad, llego a la conclusión
que he de abrazarla, que he de sentir mi
plenitud antes que su regalo…

He de aceptar mi soledad y ser mi propia
compañía, y ese desayuno dominical,
estábamos unidos y ahora que somos menos
he de abrazar la vida, y ser mi propia compañía.

¡Y ya no huir… de mi soledad!

Partir

Un día tendré que partir, a un lugar
lejano tendré que ir, no es un misterio
de la vida, todos sabemos que habrá
una partida.

Es lo más seguro al vivir, el saber que
en algún momento deberemos dejar
este mundo y hacia otro ir.

A encontrar el camino de la vida en
que vamos acompañados, a veces de
un ser amado…

Está en mí, sembrar amor, sembrar paz.
Ya que es ley, que en esta vida recibas
lo que das.

Está en mí y está en ti, mejorar esta vida,
no juzgar, no golpear, no perder, un día
de mi vida, dar cariño, ternura, y amar.

Buscar el amor pasional, más solo amar
a la vida, por ser esta tan bella. A todo
y a todos amar.

Intensamente hay que vivir, mientras llega la
hora de partir. De acudir al llamado de Dios,
la hora de morir.

Más pido a Dios, que deje una huella, que deje
un ejemplo, que libre sea y diga yo siempre la
verdad.

Pido que, en realidad, Dios viva siempre en mi
vida, evitar a toda costa… el mal. Dando a mi
vida, un sentido, a través de la bondad.

Como se va la vida

Como se va la vida, se nos escapa de
las manos, sin ver y escuchar a nuestros
hermanos, sin decir lo que los amamos.

Como se va la vida de las manos, tan de prisa,
sin escuchar, sin sentir la brisa, sin dar siquiera
una sonrisa.

Como se va la vida, entre sueños e ilusiones, como
se te va la vida, peregrino de grandes pasiones.

Como se va la vida, sin detenernos en lo pequeño,
cavilando, haciendo del vivir un sueño, se va la vida,
se escapa en gran huida.

Como se va la vida, sin dar un abrazo a tus padres,
sin agradecer la existencia, sin tomar conciencia de
los pequeños triunfos.

Anhelando siempre más, viviendo a prisa, queriendo
lograr grandes triunfos y así sin disfrutar del todo,
es como se va... la vida.

Condición

Sin la noche, el día no existiría, sin tu corazón,
mi corazón no palpitaría, y sin sombras, la luz
no alumbraría.

Tu amor es la condición de mi loca pasión, cual
condición es para morir, vivir!

Así para existir, mi corazón, necesita el alimento de tu
corazón, para seguir viviendo.

Para no sentirse, como un ave en la prisión. Mi corazón
necesita el tuyo.

Y de su arrullo, para vivir y amar, para volar como
gaviota sobre la inmensidad del mar.

Opuestos

Obscuridad y luz son opuestos, así como amor y odio son también opuestos, y es sabido que el uno, sin el otro, no existiría.

El día sin la noche no aparecería, la justicia sin la injusticia y no existiría libertad, sin prisión.

Sentido no tendría el error, sin perdón, tampoco habría pobres y ricos, tan distinguidos como negros y blancos, ni existiría paz sin guerra.

Los hombres de buena cuna y los que solo son cobijados por la luz de la luna, hombres de arriba y hombres de abajo.

Hombres envestidos de fácil fortuna y hombres de trabajo, gentes a las que protege una armadura y gentes desnudas.

El infierno y el cielo, coexisten como sedentario y vagabundo y son los opuestos del mundo.

Es solo que todo es disparejo, no existe el equilibrio, unos de hambre vestidos, otros teniendo todo de sobra.

Unos que mueren con hambre de justicia y otros injustos, viviendo. Unos con hambre de caricias y otros el amor despreciando.

Me pregunto y respuesta quisiera, ¿vale más el hombre vestido de ricas telas y dotado de buenas maneras, pero por dentro vacío?

O aquel que va muy pobre vestido y tiene toscas maneras, de herencia humilde, vencido por el hambre, pero de muy buen corazón.

Y que por saber lo que es carencia, tiende a todos, la mano y da todo lo que tiene, por su hermano.

Todas estas dudas surgen de mi mente. Si digo que hay respuestas, miento… ¿Por qué tanto opuesto?

Quizá en esta vida, no encuentre respuesta, a ninguna cuestión, solo me queda por convicción, concluir, que opuestos del mundo son.

Ojalá que tengas

Ojalá que tengas suficiente alegría para que seas amable,
ojalá que tengas suficientes problemas para que seas fuerte.

Ojalá que tengas suficientes penas para que seas humano,
suficientes fracasos para que seas humilde.

Ojalá que tengas suficiente éxito para que seas entusiasta,
suficientes amigos para que puedan reconfortarte.

Ojalá que tengas suficiente dinero, para llenar tus necesidades,
suficiente entusiasmo, para seguir adelante.

Ojalá que tengas suficiente fe, para no padecer depresión, y
suficiente determinación, para lograr que cada día, sea mucho
mejor que el anterior.

Descubrir

Descubrir la luz de nuevo, después de la obscuridad,
sí, encontrar la luz en el ser humano y ver en el
de nuevo, la bondad.

Descubrir un mundo nuevo y estrenar nuevamente la
sonrisa. Ver a un niño con sus travesuras y olvidarnos
de nuestro ser ya viejo.

Descubrir y encontrar nuevos caminos, y seguir cumpliendo
nuestro destino marcado, aprender a no ver el espino y
ver solamente la flor, y permanecer llenos de amor.

Descubrir de nuevo, una mano amiga, y disfrutar del mundo,
viendo del trigo crecer la espiga, solo descubrir y amar.

Descubrir tus ojos mirando los míos, descubrir en ese instante
tan breve y eterno, como tu alma con la mía se ha unido.

Sentir nuestro corazón latiendo y saberte amar con el ímpetu,
con el que se transporta el agua, cuando desde un rio, baja al mar.

Como tú

Así es mi vida piedra,
como tú, como tú,
piedra pequeña,
como tú, piedra ligera,

Como tú,
carreta que ruedas
por las calzadas
y por las veredas.

Como tú,
guijarro humilde
de las carreteras,

Como tú, que,
en días de tormenta,
te hundes en el cieno
de la tierra.

Y luego centelleas,
bajo los cascos y
bajo las ruedas.

Como quisiera ser
en la vida un romero,
romero solo que cruza,
siempre por caminos nuevos.

Romero sin más oficio,
sin otro nombre, y sin pueblo
ser en la vida romero, romero,
solo romero.

Que no hagan callo las cosas, ni
en el alma, ni en el cuerpo, pasar
por todo.

Una vez, una vez sola y ligera,
ligera, siempre ligera, para que
no se acostumbren mis pies,
a pisar el mismo suelo.

¿Qué hacer?

¿Qué hacer con esta melancolía?
que llena el alma mía, ¿qué hacer con
esta soledad? de mi triste corazón que
me nubla la razón y que hiere sin piedad

Qué hacer con el caudal de cariño, ternura
y amor que tengo para otorgar, qué hacer
con este raudal?

Que convierto en rumor, tan solo por no gritar
qué hacer con este grito anudado en mi garganta
en el que se ahoga, mi triste corazón.

Que me lleva a la sinrazón, y a convertirme en ser
silente, debo acallar mi pasión, debo no acumular
tanto amor, pues me conduce a la desesperación.

¿Qué hacer con esta melancolía? que invade la vida
mía, ¿cómo acallar la voz interior? que me pide que
busque un amor.

¿Cómo vivir sin ternura, ni calor? sin un fuego que tibie
mi corazón. ¿Qué hacer con esta soledad?

¿Cómo caminar por la obscuridad? sin un rayo de luz,
sin un brillo, ¿cómo soportar este dolor sin piedad?
hiere a mi corazón, un amor no encontrar.

Mis días se convierten en noches, y esas noches mías,
son frías, ¿y pregunto qué hacer con esta melancolía?
¿y con esta soledad que invade la vida mía?

Al árbol

Quiero escribir y escribir, por un elemento
que me hace vivir, es el árbol, ese árbol que
no se vence en las tormentas y que se
ilumina con el sol.

Quiero escribir y escribir, por el árbol, que
ve pasar al viento y crece de a poco y muy lento.

Tiene gran fortaleza, es uno de los rayos de la
naturaleza, erguido siempre de pie con amor.

Echa sus raíces profundo, presume su gran verdor,
es fuente de vivir, del existir.

Quiero escribir, solo escribir, por el noble árbol,
que es fuente de existir, fuente del vivir.

Testigo de mil y un amor, y algunos incluso
albergan en sí mismos, una flor.

¡Te amo, Dios!

Dame mi Dios, un corazón bueno,
que sea capaz de obedecerte,
y de por completo amarte.

Que sea capaz de perdonar
y de tener tanta humildad
para pedir perdón a quien ofendí.

Pues de ti hoy y ayer aprendí,
que tú nos perdonas,
si nosotros perdonamos
a quienes nos ofenden.

Y lo sé, mi Dios, yo lo sé,
que he de perdonar y no
sentir rencor hacia todos,
hacia el mundo, aunque
sea tanto el dolor que siento.

Y ahora Señor, me doy cuenta,
que te quiero, Señor y te amare
en lo bueno y en lo malo.

Señor, dame un corazón limpio
para amar, aunque no me amen,
para ser piadosa aun con el impío,
para consolar en vez de que me
consuelen.

Hazme buena, Señor, hoy quiero decirte
que solo en ti, Señor yo confío,
solo a ti llamo, solo a ti clamo,
Jesús mi Altísimo Señor: ¡yo te amo!

Febrero 23, 1999

¿Por qué?

¿Porque aún te recuerdo? Surge la pregunta en mi mente, será porque me enamore perdidamente, aunque hayan pasado tantas horas, y miles y miles de auroras.

Porque tengo tu recuerdo vivo, si ya hace tantas lunas, que te fuiste. Te fuiste esquivo, de mi y de mi vida, prometiendo volver.

Mas no fue así, nunca volviste, fui contando segundos, minutos y días. Y llegaron a mi vida nuevas melodías, diferentes a la tuya, más nunca nadie lleno mis días de pasión, de amor, de ternura.

De todo lo que tú me dabas, aun te recuerdo y no sé porque si mientras yo te amaba y extrañaba, tu presuroso me olvidabas, prodigando tus caricias a otras mujeres, buscando mientras yo estaba aquí, esperándote.

Y mientras buscabas el placer en otros seres, no supiste cuanto extrañaba tu calor, la pasión que generaba nuestra unión, ni lo mucho que nos apresurabamos.

Cabalgando nuestros cuerpos como jinetes, cuando volábamos libres, cuando nos enredábamos piel a piel. Al darnos nuestra pasión, enlazándonos, fundidos en un amoroso abrazo, que mil veces nos llevó hasta el cielo.

¿Por qué te recuerdo aun? Surge la pregunta en mi mente y no encuentro respuesta, será que llevo tu huella en mi vida, esta vida que fue tuya, no lo sé, pero tu recuerdo esta aún vivo, pues mi corazón esta aun de ti cautivo.

No sé si morí cuando te fuiste y te perdí totalmente y también me perdí yo, de tantas cosas, de tantos detalles, de tantos recuerdos que pudimos haber vivido y no lo hicimos.

Mientras me pregunto... ¿por qué aún te recuerdo? ¿Por qué tú no me recuerdas a mí? ¿Por qué no regresaste? ¿Por qué?

Mi camino

Recorrí mi camino a mi modo y manera, sin
saber si seguía mi destino o una quimera.

Acerté, cometí errores, viví buenos tiempos y
otros dulcemente mejores.

Tuve amores, más llego el verdadero, depositándose
en mi pecho como perfumada y delicada flor.

En mi corazón vivió su existencia, fue un amor sublime,
un amor tan puro y grande, etéreo, efímero, dulce y tierno.

Un amor que después se marchó dejándome con las alas rotas,
con la cara llena de lágrimas, de llanto y de melancolía.

Como una triste melodía, transcurría la vida, días soleados o de
mañanas frías, y solo vivía…

Quería del destino tanto, y esperaba su regreso y el canto de un
ave entretenía a mi tristeza.

Seguía mi camino, cumplía así mi destino, a veces empedrado,
otras veces llano.

Pasando tiempos difíciles, tomada de la mano de Dios, pero con
mucha paz.

No he sido ni mejor, ni peor que otras mujeres, ni mejor que otras
almas, ya me juzgara Dios, quien es perfecto.

Yo seguiré mi camino, a mi modo y manera, con el permiso de Dios,
hasta que el… así lo quiera.

La vida

La vida es un conjunto de situaciones, a veces nos trata bien. A veces nos trata mal, hay que aprender a vivirla, solo un día a la vez.

Crear nuestro destino, buscar sin cesar un camino, dirigir nuestros pasos a la meta. Lentamente, disfrutando, dar de ti lo más que puedas, porque siempre existirá quien necesite de ti.

Alguien a quien algo le falte y seas tu quien le puede ayudar, todos nadamos en el mismo mar.

Habrá tiempos de recibir, más debemos tratar de que sea mayor, el tiempo de dar.

El tiempo de brindar sonrisas, de brindar apoyo, algún consejo, una sugerencia, confiar en los demás. Permitir que confíen en ti, aprende a escuchar lo que tengan que contar.

Aunque a veces la vida hiera los corazones, siempre está llena de matices y vale la pena vivirla. Con el tiempo aprendes a buscar soluciones, a las preguntas de la vida y los retos que presenta.

A nuestros hermanos hay que amar, y ayudar, extender una mano sincera. Aprender a conocer y a amar a Dios, amarnos unos a otros, porque sabemos que navegamos el mismo mar.

Que nunca te engañen

Que nunca te engañen como tu
engañaste, que nunca te inflijan
este tipo de dolor.

Que no devuelvan odio cuando tu
brindes amor, que lo que encuentres
en tu camino, sea verdadero.

Que tengas la compañía de un amor
sincero y que sepas reconocerlo.

Que Dios te ame tanto que te ayude a
sacar de ti lo que te agobie.

Que en las tristezas te ayude a liberar
tu propio y desgarrado llanto.

Que tu ego no te traicione, haciéndote
creer montaña, si solo eres abismo.

Que te encuentres a ti mismo y que a
esas voces que te engañan, sepas callar.

Que no te mientan y no digan que te
aman, para descubrir que es mentira.

Que seas feliz a lo largo de tu vida,
que nunca te engañen y nunca te dañen.

Te deseo todo eso y que encuentres en tu
vida el amor, y espero que no te mientan.

Deseo que nunca nadie te finja, como tú lo
hiciste, como mentiste. Que no te engañen.

Un mañana

Habrá un mañana en que
tendrás una cita con el amor.

Con el amor hacia ti misma,
con ese que no te engaña.

Y también tendrás el amor
sincero que te brinda Dios.

Él te ama y te perdona y
olvida todo lo que hayas hecho.

En ese mañana también debes de
perdonarte tú y de olvidar.

Debes ser compasiva, dejar el dolor
atrás, no perder tiempo.

Encontrarte con quien su sangre por
ti derramo y adorarle.

Sabiendo que él te cuida y protege, y
que siempre tendrás su compañía.

Regresa a la confianza y a la fe, recobra
anhelos, sueños y esperanza.

Lanza un grito desde tu corazón dolido y
engañado, liberando así, el dolor.

Sin perder esos anhelos, ni caer en recordar,
porque son cosas que pretendes olvidar.

Salvando emociones y sentimientos, valorando tu vida.

Viviendo con la esperanza de un mejor mañana,
de ese mañana en que tendrás amor.

Ese amor que sabrás brindarte a ti misma en un
momento, en un instante, en un mañana.

¿Eras tú el amor?

Llegaste a mi vida en un verano, en ese verano en que me perdí en tus ojos. Inicialmente me viste y te quedaste contemplándome, después me perdí en tus labios.

Sin decir palabra me besaste, no te conocía, más te permití besarme. Y ya inseparables, nos llegó el otoño, entre colores de fuego y pasión desbordada.

Entre el sabor de la vida y el intenso amor que sentimos, desde que llegaste a mi vida. En ese tiempo creía que el amor no vendría a tocar mi puerta, pero estaba equivocada.

El amor llego en un hombre de ojos intensos que me derretían con sus miradas. El invierno trajo tu partida, te llevaste tu amor y tus besos y dejaste a mi alma desierta.

Y en medio de todo el dolor, pasaron primaveras, inviernos, calma y tormentas. Viví engañada, creyendo que volverías, con mi corazón deshecho, que tuve que remendar tras los daños.

Aunque en su momento parecían verdad, las palabras de amor que decías, después de tanto dolor... me pregunto: ¿Eras tú el amor?

Y aun cuando juntos vimos el atardecer y el amanecer, se marchito la ilusión. Se que no sabre y no sabrás, si en verdad lo que sentimos pudo ser más firme y volverse eterno.

Lucho por no dejar morir mis esperanzas, porque mi alma pueda de nuevo florecer. Porque llegue a mi vida, una nueva ilusión, que traiga alegría y una nueva canción.

Y no preguntar de nuevo a cada hombre que aparezca en mi camino si se quedara en mi vida. No preguntarles: ¿Eres tú el amor? Y volver a entregarme entera, plena, confiada.

Sin temor de dejar en cada entrega girones de piel, pedazos de mi alma, sin temor de entregar mi corazón. Sin recordar que hubo llanto, ni lo que tu partida me lastimo, pues aun cuando lo pienso, jamás estaré segura:

¿Eras tú el amor?

¿Por qué me acuerdo de ti?

Todavía me acuerdo de ti, ¿Y me pregunto por qué?

Mi mente no logra dejar de recordarte. Si hace tantos
ayeres que te fuiste…

¿Por qué es tan difícil que llegue el olvido? Te fuiste
detrás de otro amor, quizás una quimera.

Y yo aquí intentando con todas mis fuerzas olvidarte,
pero no hay manera.

No cruzaremos nuestros caminos, nuestros destinos se
separaron. Y nuestros corazones se rompieron.

¿Por qué me acuerdo de ti? Si tú me dejaste de ilusión
vacía, sin nada, excepto tu ausencia.

Y estos tristes momentos en que me encuentro sola y desesperada
y sin poder comprender, ¿Por qué me acuerdo de ti?

Heridas

Con que derecho Dios mío, ¿Pueden causarme heridas? Porque aquellos que más erran... ¿Son los que se erigen jueces?

¿Por qué se les permite ser crueles, que todo lo juzgan, todo critican? Todo lo que les parece que hago mal, lo observan, lo critican, lo señalan.

La viga en sus ojos les impide ver, que lo que hay en los míos, son simples espinas. Será mi destino? ¿El ser juzgada y criticada por lo que puedo, o no puedo hacer?

Con que derecho me clavan sus dardos en mi corazón, dejándolo destrozado y siempre en carne viva. Cuando solo necesito amor, y ternura, cual, si fuera una niña pequeña, no el sentir que voy por la vida sola.

Ni sentir que quienes deberían amarme y de aceptarme, son quienes me han declarado la guerra. Que debo defenderme de quienes más amo, quienes no ven sus errores y que la vida me dio como hermanos.

Perdónalos pues, mi Señor, a esos que me hieren, que intentan apagar mi alma, no saben lo que hacen, hincan dientes y garras. Hacen desiertos de hielos, provocan que yo pierda mi paz y mi calma, los perdono por ser parte de mí misma, por llevar mi sangre.

Algún día quizás se den cuenta de sus equivocaciones y quizás cambien y aun si no lo hacen, yo como su hermana, no puedo dejar de amarlos. Por eso te pido Dios, que aun como son y cómo se comportan, aunque estén errados, también tu puedas perdonarles.

Porque te tengo a ti

Porque te tengo a ti, hijo mío,
yo soy muy feliz, mi vida ahora
ya tiene un sentido.

Porque te tengo a ti es como si
las estrellas brillaran solo para
ti y para mí.

Ahora el sol tiene un brillo mas
intenso, y yo me siento bendecida
por Dios y por la vida.

Porque te tengo a ti…

Mi alma se ha llenado con tu ternura
con tu sonrisa, con tu canto y con tu
calma.

Es tu madre quien te habla del inmenso
amor que siento y de lo feliz que cada
día me encuentro…

¡Porque, te tengo a ti!

La Cruz Vacía

Ante tu altar Señor, llegue un día,
en que en mi vida hubo una
melancolía.

Y levante mis ojos, con la confianza
de que ahí te vería.

Y mi corazón se estremeció y por un
momento ya no palpito, parecía muerto.

¡Tu cruz Señor estaba vacía! más ciego
mi corazón no comprendía...

Que tu habías descendido y no estabas
más crucificado.

Tú, Jesús, estabas a mi lado, caminando
conmigo en las tormentas.

Regando con lluvia fresca mis esperanzas
para que no se marchitaran.

Ante tu altar, llegué aquel día que comprendí
que ya no te encontraría crucificado.

Porque entendí que caminabas a mi lado, tu
ibas junto a mí, por eso estaba: ¡Tú cruz vacía!

12 de enero del 2000

Puedo

Puedo sentir mi corazón y también la brisa
y sentir el frio, mas no se si vivo o muero...

Por ese hombre que se fue de prisa y se llevo
ese amor que me tenía y que ahora sé que fue
muy ligero.

Puedo sentir las lágrimas queriendo escapar
de mis ojos, y las detengo porque no debo llorar
por quien partió para siempre, de mi vida.

Carta a mi hijo

La vida me dio el amor más grande que creía no merecer, un amor puro que llego desde el cielo hacia mi vientre, en un hermoso regalo que Dios me otorgo y que me llenaría de ternura y de alegría.

Hijo, aunque quisiera describir lo que siento por ti, este amor es tan grande que no cabe en mi pecho y no encuentro palabras que realmente lo describan, solo sé que, al tenerte, siento que la vida me dio más de lo que merecía.

Eres un ser que inspira cariño, inspiras respeto e inspiras admiración, te convertiste en la luz de mis ojos, en el aire que respiro, en el ser más bueno, que en mi vida he conocido.

Ya no puedo verte como mi pequeño, pues el tiempo paso velozmente y te convertiste en hombre, pero en el fondo de mi corazón, aun cuando creciste, tú eres aun mi niño.

Tú eres la razón de porque vivo, de porque lucho, de porque sueño, así como desde bebe te protegí en mis brazos, y te mecía hasta dormirte, así estarán mis brazos mientras viva, para ti, para cuando me necesites.

Te he dado lo mejor de mí, he tratado de guiarte bien por la vida, hice todo lo mejor que pude, quizás cometí errores, más soy humana y sin embargo tu eres un ser grande.

Para mi eres un ángel, pues eres inmensamente bueno, te has convertido en un excelente amigo para mí, a la par de que eres un excelente hijo.

También eres excelente en tus estudios y en tu trabajo sé que buscas con ahínco, la excelencia. tu personalidad está dotada de amor, paz y paciencia.

Iluminaste mi vida cuando naciste, y aun eres para mí lo más hermoso de mi vida. Y te amo con todo mi corazón y sé que te amare aún más allá de esta vida.

Eres un ser exitoso y yo quisiera gritar que te amo, gritarlo al viento muy fuerte, y entre todo lo
que por ti yo siento, deseo que la vida te dé todo lo bueno que te mereces.

Se que, si alguna vez tropiezas, te levantaras pronto y continuaras tu vuelo, es un honor ser la madre de un hombre de tanto valor.

Te amo, tu mamá.

Escribir por este día

Escribir por este día, sobre las cosas que
dan sentido y valor a mi existencia.

El gran ejemplo de fuerza que tuve de mi madre,
que, aunque este ausente, aun llena mi vida.

Pude observar su fortaleza y su valor, en una vida
Llena de trabajo y de sudor.

Sin pronunciar una queja, sin rendirse jamás.

Nos enseñó lo maravilloso de la vida, a no vencernos, con
tan "poca cosa" como ella decía.

Aun siento de su abrazo el abrigo, aunque mi madre se nos fue.

Se nos fue en el viento, a un lugar lejano, más aún recuerdo su
calidez.

Mi vida y mi corazón, siguen llenos de su inefable presencia.

Fue grande a pesar de que era pequeña, y tan hermosa y sabia,
que no es difícil el camino a seguir.

Pues dejo el ejemplo de cómo vivir, de cómo salir adelante, de
cómo debemos hacer para subsistir.

Siempre le amare con mi corazón pues, aunque ausente, está
Presente en cada minuto de mi vida.

¡Amada madre mía!

Reflexiones de vida

Entre más vivo, más me doy cuenta de lo mucho que no se, de mi ignorancia, de lo mucho que me falta por aprender.

Nadie tiene toda la sabiduría, ni la verdad absoluta de las cosas.

Por ello, debemos ser humildes y aprender de los demás, así cómo podemos enseñar a otros lo que ya sabemos.

También debemos escuchar a las personas, a mujeres, a hombres,
a los ancianos y a los niños.

El dar

El dar es un privilegio, el dar algo o una sonrisa,
un abrazo fuerte o un saludo.

El dar un elogio, una palabra de ánimo, o algo
material es un gran gozo.

Es mejor dar que recibir, en dar se obtiene una
sonrisa de regreso.

O la respuesta feliz de quien recibe, lo que hayas
entregado, entonces concluyo que el dar es un
privilegio.

Un regalo de Dios y todo un gozo, sí cuando das
lo haces con amor y con un corazón sincero.

Escribiré, escribiré

Escribiré, escribiré mientras
yo viva, palabras de amor
y de alegría que en el tiempo
plasmaré.

Palabras libres como aves, y
otras que en laberintos de mi
mente se esconden.

Y debo sacarlas de ahí al momento
de ponerme a escribir. Para poder
expresar lo que siento y pienso.

Escribiré a la amiga, al amigo, a
mis hermanos de sangre y a mis
hermanos de raza.

Si se abre una rosa, si tengo motivos
o sin motivo alguno, aun así, escribiré.

Así por las sendas de la vida, no solo
camino, amo y respiro, sino que con
inspiración y las fuerzas de mi ser:

Escribiré, escribiré.

Abril 07, 2002

Momento de tristeza

Que podría escribir en este
momento? ¿Que estoy triste?

Que ninguna de las cosas me
causa alegría. Si estoy en medio
de situaciones de la vida.

De esas que son difíciles, de las
que roban la alegría.

Si me siento como un ave que va
volando sin saber a dónde,
ni saber por qué.

El destino nos arrastra hacia un
camino, en que quizás haya rosas
al final.

Mas también en ese camino habrá
espinas que nos hieran sin cesar, una
y otra vez.

En ese camino deberíamos ir de la mano
de un buen amigo, evitar de ser posible,
caminar en soledad.

Al escribir esto versos que se escapan de
mi mente, sin que exista una razón
comprendo que tal vez es que este triste.

Aunque ni siquiera sé porque, ¿lo sabes tú?
¿lo sabe aquel?

Solo sé que la vida es un misterio, a veces un
pantano, a veces un desierto.

Se que la vida es solo una copa de amargo néctar
o dulce vino, depende si toca transitar en un camino
o apurarla en un vergel.

25 de marzo de 1977

La cita

Al consultorio de un médico famoso,
llego una loca enamorada.

Doctor, doctor, ¡atiéndame pronto… ya!
¡Porque me duele, me duele!

Veamos, ¿qué le duele?
¿Duele aquí? ¿Acá o más allá?

No se doctor, dijole asombrada, me duele
el total, creo que mi mal es general.

Veamos, para diagnosticar, tengo primero
que examinarla a usted.

Y después de largo rato de examinar y de
examinar, y no encontrar ningún mal.

Dijo el médico en un arrebato:
¡no hay tal enfermedad!

¡Tiene solo un mal corazomatico!

¿No estará equivocado, medico barato?
Yo solo conozco el mal psicosomático.

Tengo plena conciencia de lo que diagnóstico,
e insisto en que es un mal corazomatico!

Contesto el terco galeno.

¡Pues tendrá que darme una explicación!
Dijo la enamorada, pues en tal cuestión,
no tengo experiencia.

Pues vera usted, según la ciencia estos males,
ninguna causa orgánica los provoca.

La causa es una microscópica bacteria que
está loca.

Yo no estoy loca, si ese es su parecer, esta
usted equivocado, se lo digo claramente.

No, no, usted no, la bacteria es la loca.

¿Y puedo por favor, saber? Siguió la loca,
digo, la mujer.

¿Qué es este raro bicho, que mis males provoca?

Científicamente y teóricamente, contesto pronto
el doctor.

Déjese de tanta "mente".

Al decirlo tengo razón y no poca...

¡Ya, ya hablé claro, por favor!

Bueno... pues esa bacteria rara y loca que
sus males provoca y se lo digo yo,
sin temor a equivocarme, es:

¡La bacteria del amor!

Nota: Compuesta cuando Margarita estudiaba su primera clase
de psicología en la preparatoria.

A la Soledad

Hoy estoy sola, como una ola
en la inmensidad del mar.

Me encuentro desnuda de la
palabra "amar".

A veces la soledad es libertad
pero otras veces duele mucho
la soledad.

Hay soledades en compañía,
cuando a tu alrededor hay
gente falsa, que daña el alma.

Cuando el alma se siente triste y
abandonada…

Es como una flor enferma. Que
necesita de amor, compañía
y riego para no morir.

Acompaña a tus seres queridos,
a quien encuentres solo, a quienes
sean tus amigos.

Cuando encuentres a un alma solitaria
enséñale que necesita de los demás,
aunque parezca una lejana estrella…

Necesita de una compañía, del ser
humano todo su calor, aprenderá a ser
una noche bella, si le ayudas a ser mejor.

Es muy triste saberse solo, pensar en todos
esos recuerdos que abruman en medio de
un frio hielo, en un abismo de soledad.

9 de julio 1978

Fantasías

Fantasías pensamientos e ilusiones. Que vivo en mi mente, y que solo escribo cuando viajo.

A esos lugares bellos a los que me gusta escapar. En fantasía y en ilusión algunas veces ha vibrado mi corazón.

Quisiera volar como mariposa en primavera, cual ave que vuela por vez primera. Y en ese vuelo, un amor poder encontrar, para no estar ya sola.

¿Y si es el amor solo una leyenda y es por eso que no lo he podido encontrar?

Aun así, durante la noche o durante el día vivo de ilusiones, imagino fantasías, y solo lloro de felicidad.

26 de junio 1981

Cosas sin sentido

¿Para qué hablar si el silencio es lo mejor? El silencio reflexivo de mi corazón...

Y luego pienso y me contradigo, porque callar, ¿sí hablar y expresarme es lo mejor?

Si pienso en cosas sin sentido, como el parar de un corazón, su vivo latido, o empujar un rio, o detener un manantial.

Capturar a un ave o a una mariposa, o tratar de reír cuando estas triste, o de llorar cuando estas alegre.

Son las cosas que pasan en mi mente, cuando algunas veces la realidad me duele y prefiero escapar, pensando estas cosas sin sentido.

Porque si ayudan a escapar de lo que duele o no te gusta, e incluso de aquello que te asusta, entonces esas cosas, cobran para ti sentido.

7 de octubre de 1983

Obsesión

Bendita obsesión que abrigo ahora
dentro de mi corazón, eres como una
aurora.

Y alumbras mi cielo, en mi vida eres el
consuelo que mi alma atesora.

Una dulce ilusión pasajera, el hombre de
mis fantasías, un anhelo, un momento,
unas horas.

Eres quien me tiene presa de esta bella
ilusión, quien me inspiras poesía, quizás
solo eres un sueño.

Del que no deseo despertar, no deseo que se
termine esta bella ilusión, que en mi alma se
ha grabado como una dulce obsesión.

7 de noviembre de 1989

Penas

Penas, soledad y llanto, cuando se
van las horas buenas, cuando me
duele quererte tanto.

Mezcla infinita de melancolía, de
de tristeza, amor y llanto. Penas
que hay en mi vida.

Quisiera poder fingir, quisiera
ocultar la tristeza, no dejarla
translucir.

Para no permitir lágrimas en mis ojos,
quisiera no dejarte partir, pero no sirve
un amor que se ata, en cerrojos.

¿Qué ira a ser de ti? ¿A quién le darás tus
besos? ¿A quién con pasión te entregaras?

Este amor desesperado, aun pretende vivir
en el pasado porque recuerdo que me decías
cuanto me amabas.

Y ahora ese amor se ha marchado, incluso
antes de que lo hagas tú! Siento nostalgia
de lo vivido.

Y existen penas, al saber que ya no me
pertenecen más tus caricias, que después
que te marches, ya nunca más vendrás.

Me quedara el vacío, una vida amarga y
muchos recuerdos, me llenare de llanto,
de tristeza y de hastío.

¡En esta vida sin ti, solo existirán mis penas!

Versos

Versos libres, versos simples, versos de mi alma,
versos sin calma, quiero escribir esos versos.

Quiero saber si esto es vivir, cuando siento soledad
y en mi alma siento un dolor sin piedad.

Porque no tengo un amor, por no tener para mí un
corazón, que encuentre un día a alguien.

A alguien que no finja ser, quien no es, que sea más
que una máscara, que muestre su rostro de verdad.

Que tenga un alma noble, que sea un hombre bueno, que
deje marcada su huella, que quede en mí su esencia.

Versos que lo dicen todo, quizás sin decirles nada, versos
simples de mi alma, versos sin ninguna calma.

4 de abril de 1984

Revolución

Odio, venganza, traición,
engaño y mentira, desatan
la furia de una mujer, y se
inicia una revolución.

Cuando duele el corazón por
comprobar una traición, por
sentirla, por sufrirla.

Por ser perseguida al decir la
verdad, cuando mi único defecto
es la ingenuidad.

Creer que en algunas gentes hay
bondad y encontrar solo mentira
y maldad.

En las gentes hay un odio cruel
que mata, engaño que ensucia,
mentiras que atan.

Yo no vendo la verdad, seguiré
mi camino y mi vida, con mis
ideales, con sueños e ingenuidad.

No venderé mis ideas, las gritare
a través del viento, a través del
tiempo, las diré en mis versos.

Si otros mienten, no lo hare yo,
en mi esencia hay bondad, haré
uso de mi don de honestidad.

En mi habrá amor para los demás,
así como habrá una profunda
lealtad.

Solo mis ideales, mi transparencia
y verdad son lo que llevare como
armas, cuando pretendan dañar.

Cuando mi esencia, ingenuidad y
bondad sea una afrenta para aquellos
que solo destilan maldad.

Estaré preparada y lista, con Dios en
mi corazón, pero no iniciare una guerra
tan solo quizás comience una revolución.

12 de julio de 1986

Un amigo y la amistad

No se definir la amistad, y te he
tomado como amigo a ti, Jesús
que eres mi Dios.

Para platicar contigo, para que
me enseñes como repartir amor.

Como encontrar amistades y
saber cómo cuidarlas y nunca
causarles dolor.

¿Qué es amistad? ¿Qué es el amor?
¿Cómo los puedo brindar?

Al encontrarme ante tu presencia,
¿puedes explicarme, si he sabido ser
bondad y esencia?

No me permitas confundirme y menos
equivocarme, define para mí lo que
significa amistad.

Quiero brindar mis sonrisas, o una palabra
de aliento, quiero ayudar al vecino, quiero
alimentar, al hambriento.

Dar amor a raudales, tal como tú lo haces,
yo lo haría por mis semejantes cercanos,
tú lo haces por toda la humanidad.

La soledad y yo

¿Quién eres? -Soy tu soledad.

¿Qué quieres? -Acompañarte!

¡Pero si los has hecho a lo largo de mi vida!

- ¡Si, mas no quiero abandonarte! Vas conmigo siempre!

Desde que me levanto hasta que me voy a dormir en mi lecho.

A veces creo que estas al acecho y contigo no puedo, ni quiero vivir.

-Y, sin embargo, acompaño tu existir.

¿Por qué no me dejas ya? -Porque tú me necesitas!

-Tú necesitas de la soledad! ¿Para qué? ¡Tú me estorbas!

Aunque haya aprendido a vivir contigo. Aunque acompañas mis emociones y sentimientos.

Me gusta evadirte, cerrar los ojos, pensar que no existes. - ¿Y crees que eso me ahuyente?

Por eso es que a veces te huyo y te odio con todo mi corazón. -Quizás tienes razón! No es grato para nadie, estar en soledad.

Y sin embargo tú llenas todo, mis minutos, mis horas, mis días. Mi descanso, mi trabajo, mis penas y mis alegrías.

-Soy tu compañera, aunque te quieras deshacer de mí... -Yo siempre estaré aquí.

Me desesperas, quiero que te alejes y que te marches sin rumbo fijo. Y para que te vayas y me dejes al fin en paz, te anuncio que me voy casar, y el será mi compañía.

Entonces, por fin te marcharas, porque no habrá cabida para ti, ¡en mi vida!

-¡Te equivocas, también hay soledad, en compañía!

Escribir para ti

Escribir para ti, es rescatarte en el tiempo, es decirte que aun te amo, es traerte en estos versos, porque tú no vienes, cuando yo te llamo.

Escribir para ti, es conservar la ilusión, como llama viva dentro del corazón, es pretender que tu amor sobreviva, a través del tiempo y la distancia.

Escribir para ti, es quizás decirte que te amo, aun cuando deba amarte sin esperanza, aferrada a un deseo.

Todavía deseándote, que locura amarte a pesar del tiempo, es liberar sentimientos y esperar que me recuerdes.

Que también revivas, nuestros momentos, aun cuando sé que mi esperanza es vana, tu vives tu vida, yo vivo la mía, un día quizás nuestros caminos se encontrarán.

Un día quizás nuestras almas se alcanzarán. Escribir para ti, es pretender que aun sientes por mí, lo que un día sentiste, es pretender que vives cautivo, y que mi recuerdo en ti sigue vivo.

Es tener la certeza de que me diste esos bellos momentos, tu risa, tus caricias, tus besos, tus manos, llenaste mis horas vacías, más un día sin decir nada te fuiste.

Escribir para ti es saber que, si no te hubiera conocido, tampoco al verdadero amor habría yo conocido, que añoro lo que vivimos, cuando estuviste a mi lado, es pretender llenar la soledad, con tu recuerdo.

Llenar mi alma de recuerdos del ayer, pretender que el sol aparezca en mis días nublados, querer anestesiar el corazón para que no duela, o para que olvide, que aun te amo.

Todo esto es lo que significa, el escribir para ti.

20 de enero de 1987

Te llevaste mi corazón

Te llevaste mi corazón, dejándome
hastío y penas, me dejaste recuerdos,
te fuiste como el agua de un rio.

Te llevaste mi corazón dejando un
equipaje de recuerdos, de momentos
y lugares.

En los que juntos estuvimos, hoy ya
no rio, me encuentro triste, porque te
fuiste sin decir nada.

Te olvidaste del amor que era tan tuyo
y tan mío, no quiero que sepas de la
tristeza que me abruma.

Cuando te recuerdo, si la nostalgia
llega y me embarga, asomando a mi
interior.

Junto contigo te llevaste mi ternura,
mi pasión, las ilusiones de una
mujer totalmente enamorada.

¡Sobre todo, te llevaste mi corazón!

12 de marzo de 1989

Tengo

Tengo un pensamiento que deseo
escribir para ti, mi joven sobrina,
quien apenas comienzas a vivir.

Es por eso que a ti quiero escribir,
estas aprendiendo sobre la vida,
y eligiendo el camino que has de
seguir.

Tengo que decirte que Dios es la
guía, la fuerza que te impulsara a
avanzar, a tu vida continuar.

Tengo que pedirte que aumentes
tu fe, que siempre confíes en él,
y que rías y sueñes, que disfrutes
tu vida y tu juventud.

Y por último tengo que pedirte
que siempre seas feliz, que no
te sientas sola, que lleves a Dios
junto a ti.

Para Natalia Ríos.

Adolescente

Adolescente que vas por la vida,
por un sendero, de fantasías, de
irrealidades e ilusiones.

Eres como un joven rio, impetuoso
nuevo, con mil afanes vas como el,
buscando tu sendero.

Eres un pequeño polluelo que pronto en
ave se convertirá y agitando sus alas
emprenderá el vuelo, el vuelo de la vida
niña, que del nido te desprenderá.

Haces de la vida alarde en medio de
juegos e ilusiones, pero aun necesitas
de protección.

Juegas a ser grande, más aún eres la niña
que un día, yo mecí en mis brazos.

Botón de flor que estas a punto de
florecer, niña que muy pronto te
convertirás en mujer.

Aun confías en la gente sin saber que
a veces daña y miente.

Pequeña joven, joven niña,
pedacito de gente, eres en fin… Adolescente!

Dedicado a Ivonne Mendoza cuando tenía 16 años.

Mis manos vacías

Me quede un día con mis manos vacías
con esas manos, que volaron libres en
tu cuerpo.

Me quede inventando amores, inventando
caricias, con nadie antes estrenadas,
disfrutando de este amor nuevo.

Me quede con las manos vacías, acariciando
quimeras, en mis horas enteras, me quede un
día con mis manos vacías.

Mis manos ligeras, que recorrían tu cuerpo,
en desliz, me quede así, sin ser feliz, me quede
imaginando, pensando que volverías.

Mantuve en mí una esperanza, de volver a llenar
mis manos y que vuelvan a volar, sobre tu piel,
como sabíamos amarnos en ese ayer.

Hoy llenos de esperanzas mi camino, porque,
aunque lo anhele, sé que no vas a volver y que
por siempre me quede con mis manos vacías.

Sabíamos

Sabíamos que no había mañana, cuando nos
encontramos por el camino, queríamos detener
el tiempo, hacer intenso el momento, pues
sabíamos que no habría mañana.

Fueron muchas las horas en que compartimos
juntos, en las que me diste tus labios, y te
regale los míos, llenándoles de ternura.

Quisimos detener el tiempo y así postergar
el momento del adiós, se agotaba el tiempo,
se escurrían las horas.

Ese tiempo fue pasajero, nos amamos con
pasión y con locura, pues sabíamos que no
había futuro, que se agotaban las horas.

20 de mayo 1991

Inventar

Inventar que existes,
inventar que vivo,
inventar que sueño
porque estoy contigo.

Vivo la vida inventando,
inventando un sueño del
que estoy cautiva.

Inventar y pensar luego que
es cierto que tú estás conmigo
soñar que eres mío.

Inventar que existes, que me
das tu abrigo, inventar tejiendo
sueños y motivos.

Inventar tus labios, besando los
míos, inventar que vivo porque
estás conmigo.

Inventar que existes, ese es mi
motivo, inventarte y soñar contigo
aunque tu no existes, eres mi motivo.

Para Gabriela (Gaby)

Gaviota levanta tus alas y vuela alto,
a pesar, de la tormenta, vuela alto y
con tus alas fuertes.

Llega a nuevos mundos, venciendo
barreras, mundos que habrás de
conquistar.

Que todos tus anhelos se vuelvan
realidad. Siempre habrá para ti, un
destino grande, un cielo apacible,
lleno de luz, y de estrellas.

Para que vueles alto, para que
conquistes, tus sueños de libertad,
por más que la tormenta te golpee.

Vuela muy alto, porque sé que
puedes, porque eres muy grande,
y te escribo ahora...

Para expresarte lo importante que
eres y siempre serás para mí, mi
querida amiga gaviota.

Gabita con mucho cariño para ti. 15 de julio de 1985

Muchacha de Otoño

Muchacha de otoño, de año con
año, de corto cabello, pasando la
vida entre trinos y risas.

Muchacha de otoño con mil
alegrías, viviendo entre sueños,
viviendo con prisas.

Así sola, te pasas la vida, entre
prisas y sueños, entre trinos y
risas.

Muchacha de otoño, en cada septiembre
renuevas tu dicha, pues cumples un año
más, de andar por la vida.

5 de enero de 1981

Vencer

Vencer, ir por la vida
luchando sin parar,
venciendo día a día, a
la adversidad.

Levantar la fe y el alma,
cuando ya no se puede
mas.

Conservar la calma ante
la tormenta, volver a
levantarse tras una caída.

Saber erguirse ante la batalla
si acaso has sido herida es
vencer.

Tener un corazón fuerte, a
pesar de tu debilidad, vuelve
a latir, venciendo a la
adversidad.

Seguir siempre adelante,
por senderos luminosos,
luchando siempre por
vencer.

15 de octubre de 1986

De aquí en adelante

De aquí en adelante quiero
vivir cada instante, quiero
amar y ser feliz.

Deseo cantar y reír, quiero
soñar y vivir, sin máscaras,
ni ataduras.

Obtener experiencias y aprender
de lo que haya vivido y esperar
con anhelo el futuro.

No quiero llorar por lo perdido
no lamentarme por el pasado,
ni por amores fallidos.

No quiero sentir resentimiento,
no quiero decepcionarme de
aquellos que mienten y engañan.

Deseo saber perdonarlos, aun
cuando dejen, heridas que sangran,
sé que saldré triunfante en las batallas.

De aquí en adelante, quiero tener
nuevas metas, tener una nueva vida,
disfrutar de cada estrella.

En la espera de nuevos amores,
seguiré disfrutando de las nubes
y las flores.

Caminar desafiante, por nuevos
caminos hilando ilusiones y
realizando sueños.

Cultivando amigos, apartando a
aquellos que no brinden cosas
positivas a mi vida.

Eso es lo quiero hacer, de aquí
en adelante.

Mi huella en las horas

Quiero dejar huella, de mi
paso por la vida, dejar un algo,
un poco de mi presencia, dejar
una huella, tal vez mi esencia.

Dejar algo que le sirva a alguien,
trascender después de haberme
ido, que detrás de mí, no quede
el vacío.

En cada hora, en cada día, en
cada año, dejar una melodía, un
recuerdo o una sonrisa.

Ser trasparencia y esencia, dejar
mi huella en las horas, dejar unos
pasos, pintados en el tiempo.

Que no me pierda yo, cuando se
acabe mi cuerpo, que perdure
entre quienes me amaron.

Que reviva al comienzo de cada
aurora, dejando huella en el
tiempo, dejando...

Mi huella en las horas.

Las voces de mi silencio

Me lleno de voces, para no escuchar
el silencio, lleno de voces mi vida y
mi corazón.

Incluso lleno de voces la soledad, con
sonidos que hablan diversos a mi vacío,
sonidos que hablan a mi alma, gritando
a las voces de mi silencio.

Sonidos de ríos y lluvia, de música y canto,
sonidos de mi llanto y mi risa, en todo
tiempo, lleno de voces a mi silencio.

Consecuencia de mi corazón que es mudo,
que solo en silencio grita, que viene y
agita la vida.

Y me persigue a donde yo vaya, ese silencio
que habla tan fuerte, que ya oigo las voces
de mi silencio.

Por eso he de llenar de voces mi habitación,
mi vida, mi corazón, por siempre y en todo
tiempo, llenar con las voces, de mi silencio.

9 de septiembre de 1986

Ave herida

Ave herida tu nacimiento empezó tu vida,
en un nido roto, ave sin razón para existir,
buscando por qué vivir, a base de puro
golpe.

Cuando quieres volar, te lo impide el viento
y vuelve el llanto, ave herida, una espina
clavada, hiriendo profundamente a tu corazón.

Ave herida, confiabas en tus alas, más tus alas
hoy están rotas y te has cansado de volar, sientes
que tu vuelo no tiene sentido.

Ave herida, te sientes perdida, confiabas en tus
alas que podían agitarse y alcanzar altura con el
viento, más tus alas, rotas están.

24 de noviembre de 1983

A Alejandro

Quisiera saber si solo eres un nombre,
quizás eres el hombre a quien todavía
yo amo.

Mi corazón no contesta a mi reclamo,
quiero que me saque de dudas, si acaso
solo eres un capricho.

Si eres solo una idea, que me acompaña
para no estar sola, o eres un recuerdo
que jamás se borra.

Quisiera saber si aún me causas suspiros,
sí fuiste un viento que se alejó ligero,
mi alma tan llena de dudas pregunta.

Solo no hay contestaciones, ninguna buena
solución, que signifique para ti? O es que
aun signifíco algo? Acaso me amaste tanto
como supe amarte a ti?

Todo esto, aun no logro clarificar y lo quiero
saber, porque sé que yo a ti, jamás voy a
poderte olvidar.

A Alejandro el primer y gran amor en la vida de Margarita Mendoza
03 de agosto de 1982

Recuerdos

Ecos del ayer, que viene a mi mente,
ganas de volver, al pasado que se fue,
dulce dolor de la ausencia, saber que
extraño tu presencia.

En mi diario vivir, en mi diario existir,
recuerdos que vienen a mi mente, que
me hacen que me ausente, a los lugares
por donde juntos pasamos.

A esos lugares lejanos que me hacen
volver en mi memoria a lo que fuimos,
a lo que tú y yo vivimos.

Recuerdos, simples recuerdos, que aun
me hacen sentir que respiras cerca, que
siento tu aliento estremeciendo mi piel.

Porque, aunque estés lejos, te siento aquí,
aunque no te tenga, ni seas ya mío, con
una dulce nostalgia.

Por no tener ya tus besos, ni sentir de tu
cuerpo su calor, esos bellos momentos
compartidos como en una suave prisión.

En la que vive mi corazón y de la cual
se libera, cuando mi recuerdo se apodera
de nuestros momentos de pasión.

No sé dónde estás, pero vienes a mí,
una y otra vez, como un ave ligera,
cuando tu recuerdo de mi se apodera.

Bandera de mi patria

Fuiste inspiración para defender la tierra,
cuando el fiero enemigo atacaba, y
orgullosos y arrojados nuestros hombres
lucharon.

Tomando fuerza al escuchar el grito que
les decía: mexicanos al grito de guerra,
defendiendo a nuestra tierra morena.

Te cubres de victoria en cada batalla, eres
el símbolo de mi nación, un símbolo grande,
y te amo, con alma, vida y corazón.

Eres símbolo de gloria y grandeza, eres la
inspiración en la lucha, que motivas a que
se te defienda con fiereza.

Se han librado ya grandes batallas, porque
se lucha por defenderte, y brindo por ti
bandera de mi patria.

Es rica nuestra historia, eres tú el estandarte,
siento un muy grande amor y un inmenso
respeto, dentro de mi corazón.

Tienes tres bellos colores que representan
los dolores que sufrieron los soldados al
defender tus valores.

Eres lo que me da identidad, lo que te hace
participe de mi realidad, puedo luchar y
entregar mi vida por ti.

Tus colores significan: rojo, la pasión para
defenderte, el verde, la esperanza del futuro,
el blanco la pureza del pueblo, el valor de
nuestra gente.

Cuando me encuentro lejos de mi país y te
veo, siento amor por tu historia, pues eres el
símbolo de mi alma y de mi vida, eres la
bandera de la patria mía.

A mis amores (Mis sobrinos)

Fueron los niños a quienes he visto crecer, tanto en lo físico, como moral y espiritualmente. Quiero decirles que los amo, con mi corazón, con mi alma, con mi vida, con mi entendimiento y mi razón.

Los amo con mi ser imperfecto, con todo lo que soy y todo lo que tengo, me permitiré darles sugerencias, que han sido en mi vivir las experiencias.

Ámense siempre tal y como son, dense cuenta que son personas de mucho valor, su persona es valiosa tanto en lo exterior como en lo interior.

Esten dispuestos a ser humildes, aprendan que el ser humano no es grande, por lo que tiene a manera de materia, sino por lo que lleva en su interior.

No juzguen a nadie, pues para actuar, todos tenemos nuestros más recónditos motivos, quizás no aprueben de algunos su conducta.

No seran quienes puedan señalar al hermano que erra, pues ninguno somos falibles, en esta casa, en nuestra tierra.

Tengan como ejemplo para superarse solo a ustedes mismos, el éxito no está en vencer a otros, sino en vencerse a sí mismos.

Esa será la meta y la batalla más dura de la vida, que su conocimiento no se exteriorice, que sea como el reloj, que sale a relucir cuando les preguntan la hora.

Y vivan día a día, hora por hora, todos los retos que la vida otorga, con valor y energía con fe, convicción y alegría.

Acéptense con defectos y virtudes, con limitaciones y alcances, pues todo ello forma los seres únicos que son ustedes.

Den al hermano la ayuda que pueda necesitar, que sea su mayor placer, el poder a otros ayudar.

Quizás su hermano tenga con un "no te desanimes" o una sonrisa, o un "tú puedes, no te rindas".

Son tantas las cosa que desearía poder decirles, las experiencias por compartirles, más prefiero dedicar la última parte a bendecirles.

Ustedes han florecido desde que nacieron y a cada momento, den lo mejor de sí mismos. Que Dios los conduzca como aves libres, a escalar las mas altas montañas que encuentren en sus vidas.

Todo esto, ustedes ya lo saben, tómenlo como un recordatorio, los amo con todo lo que soy, con mi alma y con mi vida.

No soy diferente

No soy diferente, no soy peor, ni mejor que otra gente, solo soy igual, no diferente. Lleno mi vida de luz y de amor. Aun cuando a veces me juzga y me critica la gente. Sin saber qué es lo que busco en la vida, que el amor de un hombre, yo anhelo.

Sin saber que pensamientos en mi mente encierro, que es lo siento, a que es en lo que en la vida me aferro. A quien elija para amar deberá de entender que soy una mujer como todas, aunque sea una intelectual. Sueño, anhelo y vibro como las demás, tengo días de tristezas y días de felicidad.

No soy diferente, soy romántica, sensible y tierna y en brazos de un amor también soy apasionada. Y bien podrían juzgarme loca, cuando en lo único que difiero yo, es que no engaño, no traiciono y no miento.

Vivo con pasión y frenesí, libremente, disfrutando vivir, vivo de una forma alegre, porque me gusta reír. Vivo con amor a la vida, a mis hermanos, a mis amigos, y por eso aseguro que mi educación no me hace distinta, no soy diferente.

Voy cumpliendo con mi destino, dándome a mí misma, ayudando a otros, poniendo en lo que hago el alma y el corazón. Voy por la vida escribiendo, sobre todo lo que siento, me considero valiente, pues las tormentas me doblan, mas no me quiebran.

Disfruto de mis grandes amores y del olor de las flores, soy una mujer y sé que soy muy valiosa, soy única e irrepetible. Dios proteja mi vida y mi corazón, para seguir viviendo mientras este en la tierra con todos los que yo quiero.

Y cuando haya partido, seguir viviendo en los recuerdos de todos los que, a mí, me quisieron. Hago lo mejor por cumplir mi destino, por amanecer sonriendo, solo soy una mujer, y soy como otra gente, no soy diferente.

Para mi libertad

Para mi libertad, no hacen falta lugares
abiertos, ni ausencia de rejas, tampoco
hace falta la ausencia de mis penas viejas.

Para mi libertad, hace falta mirar a mi
interior, descubrirme como soy, feliz y
libre.

No hace falta solo ser libre, sino librarse
de lo que opina la falsa sociedad, del
consejo pobre y de las críticas.

Para mi libertad no hace falta sentir la
presión de hacer lo que otros dictan, sino
hacer lo que decidas, con responsabilidad.

Para mi libertad, puedo ser rebelde, no
ajustarme a lo establecido, desafiar lo que
han dictado, decidir lo que yo hago.

Vencer la soledad, amando por amar, y
disfrutar de los momentos, ser siempre
yo misma sin caretas.

No me importa que entiendan que no
viviré para complacer a nadie, que tengo
derechos, que tengo ideas, que soy alegre
y soy libre.

Para mi libertad, siempre luchare contra todo
lo que pueda atarme, contra los que deseen de
alguna forma manipularme.

¡Todo esto lo hare, para mi libertad!

08 de septiembre de 2006

No le digas a nadie

Amado mío, no le digas a nadie
que te ame con locura.

Amado mío, no le digas a nadie
que te di mi ternura.

Amado mío, no le digas a nadie
que compartimos la aurora.

No le digas a nadie que nuestro
amor era tan grande que no cabía
en este mundo.

Amado mío, no le digas a nadie
que éramos jinetes, galopando en
la aventura de la pasión y el amor.

Amado mío, no le digas a nadie que
te ame con mi vida, alma y corazón.

Amado mío, no le digas a nadie que
tu vida, fue mi canción.

Simplemente, amado mío,
no le digas a nadie.

Junio 06 del 2015

Amar y Vivir

Amar y vivir, entregar el corazón,
entregarlo a una pasión, es parte de
existir.

Parte concreta del verbo amar, es
la esencia de la vida misma, quien
no ama, no puede decir que vive.

Es no saber de alegrías verdaderas,
de dolor profundo, de risas y penas,
de cómo late más aprisa el corazón.

Es madurar y experimentar, es el
saber arriesgarse a sufrir mas
buscando la dicha.

Es perder la calma, permitir que
tu piel se estremezca por otra
piel, que esa persona logre
capturar tu alma.

Hundirse a fondo en el abismo de
la pasión y sentir que sin el ser
amado es imposible vivir.

Eso es: ¡Amar y vivir!

Julio 07, 1999

Printed in the United States
by Baker & Taylor Publisher Services